꿈꾸는 한국사 ③

들어가며

역사는
꿈꾸고 질문하는
어린이들의 것입니다

안녕하세요, 심용환 선생님입니다. 저는 역사학자이고 작가입니다. 또한 초등학생인 두 아이의 아빠이기도 합니다. 제가 평생 연구한 의미 있는 역사 이야기를 어린이 친구들이 알기 쉽도록 책으로 선물하게 되어 정말 기쁩니다. 무엇보다 저의 두 아이와 꼭 나누고 싶은 이야기들을 전하려 노력했습니다.

우리 책의 제목이 왜 《꿈꾸는 한국사》일까요. 우리나라에서는 역사의 중요성을 강조합니다. 드라마나 영화의 소재로 자주 쓰이는 것은 물론, 역사 문제에 대한 해석이 달라 격렬하게 논쟁을 벌이기도 해요. 그런데 가만히 따져 보면 이렇게 중요한 역사를 공부하면서 그 방법은 암기에만 치중하고 있어요. 시험에서 좋은 성적을 받기 위해 인물과 사건, 연도를 달달 외는 것으로 역사 공부를 대신하

질문의 크기가 꿈의 크기를 결정합니다

꿈꾸는 한국사 ③

국민이 행복한 나라는 어떤 모습인가요?

심용환 지음

근현대

멀리깊이

는 것이지요. 마치 암기를 잘해 아는 척을 더 잘할 수 있게 되기를 바라며 역사를 공부하는 느낌이에요.

《꿈꾸는 한국사》는 "역사 공부는 그런 것이 아닙니다!"라고 말하는 책입니다. 우리는 하루하루를 살아가는 존재들이에요. 사랑을 받고, 꿈을 꾸고, 희망을 가지는 존재들이고, 때로는 속상해하고 가슴 아픈 일들에 눈물을 흘리는 존재들입니다. 그렇게 '우리'라는 존재가 모여서 이야기를 만들고 어우러지는 것이 역사랍니다. 우리는 왜 살아갈까요? 그 모든 이유를 알 수는 없지만, 한 가지 분명한 사실은 멋진 미래를 기대하면서 보다 즐겁고 가치 있게, 의미 있게 살려고 노력하는 것만은 분명해요.

역사는 과거의 이야기잖아요? 과거의 이야기를 공부해야 하는 이유는 우리의 오늘과 미래를 위해서라고 생각해요. 우리의 꿈과 희망에 보다 강력한 힘을 주는 것, 우리의 즐겁고 재미있는 내일을 기대할 수 있도록 커다란 기쁨을 주는 것. 그것이 역사 공부의 목적이라고 생각해요. 우리는 모두 언젠가 어른이 되고, 부모님과 선생님처럼 우리의 인생을 만들어 가야만 하거든요. 또한 대한민국이라는 역사, 지구라는 세계 역사의 구성원이 되어야 하고요.

《꿈꾸는 한국사》는 말 그대로 우리의 역사를 담은 책이지만 중국, 일본을 비롯한 동아시아의 역사 이야기도 많이 담았어요. 지리적으로 가깝기 때문에 서로 많은 영향을 주고받으며 살아 왔거든요. 한국사를 공부하면서 동시에 '세계사로서의 한국사'도 이해해 보고자 한 것이지요. 최대한 딱딱하지 않게, 우리의 입장에서, 부모님과 함께 대화하며 공부할 수 있도록 만들어 보았답니다. 부모님이 먼저 읽어 보셔도 좋아요! 아이와 함께 역사를 공부하는 데 무궁무진하게 활용하셨으면 하는 바람입니다.

사랑하는 아내, 가을이와 노을이, 내 인생을 모두 바치고 싶은 우리 가족,
그리고 그 가족을 밝게 비추는 믿음의 빛 안에서
심용환

등장인물 소개

심용환 선생님을 따라 떠나는 유쾌한 한국사 여행!

우리가 살고 있는 곳의 역사를 알게 되면, 오늘의 문제를 해결할 지혜와 미래를 멋지게 펼쳐나갈 방법을 얻을 수 있어요! 질문하는 여러분과 함께라면 한국사 여행도 정말 흥미진진할 거예요!

심용환 선생님
한국사라면 나에게 말겨요! 친구들의 끝없는 질문에 한없이 친절하게 대답해 주는 믿음직스러운 한국사 가이드. "여러분, 함께 떠날 준비가 됐나요?"

멀리
한국이의 속 깊은 친구. 질문 많은 한국이의 이야기를 주의 깊게 들어주는 친구랍니다! 평소엔 작고 귀여운 동물이지만, 필요한 때엔 언제든 멋진 비행선으로 변할 수 있어요!

한국이
역사를 정말 좋아하는 학생. 만화책에서 본 한국사 말고, 진짜 흥미진진한 역사 이야기를 듣고 싶어 심용환 선생님과 함께 역사 여행을 떠나게 되었어요! 질문이 정말, 정말 많아요!

차례

들어가며 역사는 꿈꾸고 질문하는 어린이들의 것입니다 * 004
등장인물 소개 심용환 선생님을 따라 떠나는 유쾌한 한국사 여행! * 007

제1장
한민족은 어려울 때마다
나라를 일으켰어요

| 개화정책 |
전통을 지키는 것과 새로운 사상을 받아들이는 것 중 무엇이 더 중요할까요? * 014

| 강화도조약과 개항 |
자원을 빼앗기 위해 철도를 깔아 줬다면, 고마워해야 할까요? * 025

| 임오군란과 갑신정변 |
성장이 먼저일까요, 복지가 먼저일까요? * 036

| 동학농민운동과 갑오개혁 |
질 것이 뻔한 싸움을 이기게 하는 원동력은 무엇일까요? * 046

| 독립협회와 애국계몽운동 |
새로운 지식을 공부하는 일은 왜 필요한 거예요? * 056

| 러일전쟁과 의병항쟁 |
힘없는 조선의 민중은 왜 목숨을 바치며 나라를 위해 싸웠을까요? * 065

| 신민회와 안창호 |
왜 어른들은 가슴 속에 꿈을 품으라고 말하는 거예요? * 077

| 헤이그 특사와 안중근 |
의미 있는 실패란 것이 무슨 말이지요? * 087

| 3·1운동과 대한민국임시정부 |
나라를 빼앗는다는 것은 무엇을 빼앗는다는 뜻인가요? * 097

| 대한민국임시정부와 문화통치 |
위기에 빠졌을 때는 어떻게 헤쳐 나와야 할까요? * 108

| 의열단과 한인애국단 |
폭력은 무조건 나쁜 거 아닌가요? * 117

| 중일전쟁과 충칭임시정부 |
작은 일본은 어떻게 세계를 상대로 전쟁을 일으켰나요? * 127

| 일제 36년과 인권 유린 |
왜 나라를 떠나 외국에서 사는 거예요? * 134

| 1945년 해방과 분단 |
조선의 독립은 일본이 망해서 저절로 이루어진 걸까요? * 144

제 2 장

분단의 아픔 속에서도
경제와 문화를 눈부시게 발전시켰어요

| 이념 갈등 |
  남과 북은 왜 갈라진 거예요? * 154

| 제헌헌법과 농지개혁 |
  시스템을 제대로 만드는 일은 왜 중요해요? * 164

| 한국전쟁 |
  왜 한반도에서 전쟁이 끝나지 않았다고 말하는 거예요? * 172

| 이승만 정권과 4·19혁명 |
  왜 한 사람이 여러 번 대통령을 하면 안 되나요? * 182

| 5·16군사쿠데타와 12·12군사반란 |
  절차에 따라 원칙을 지키는 일은 왜 중요한 거예요? * 191

| 대한민국의 경제발전 |
  자원 하나 없는 대한민국은 어떻게 선진국이 된 거예요? * 199

| 한일협정과 한일관계 |
  왜 일본은 여전히 독도를 자기네 땅이라고 우기나요? * 208

| 베트남전쟁 |
어떤 전쟁이 가치 있는 전쟁인가요? * 216

| 전태일과 노동운동의 역사 |
힘 없는 사람들이 모여 역사를 바꿀 수도 있나요? * 224

| 민주주의의 역사 |
민주주의가 그렇게 중요한 건가요? * 232

| 남북통일과 평화 |
통일을 꼭 해야 하나요? * 242

제 1장

한민족은 어려울 때마다 나라를 일으켰어요

1875년
일본이 조선의 개항을 요구하며 무력시위를 벌였어요.

1882년
신식 군대와의 차별에 대항해 구식 군대가 난을 일으켰어요.

1884년
근대국가를 세우기 위해 김옥균, 박영효 등이 정변을 일으켜요.

1894년
일제의 침략에 맞서 농민들이 전국적으로 저항했어요.

1905년
일본에 강제로 나라를 잃게 돼요.

1919년
전국적인 만세운동에 힘입어 독립운동을 위한 망명정부를 세워요.

1945년
36년의 일제 식민 지배를 벗어나 나라를 세울 자유를 찾아요.

개화정책

전통을 지키는 것과
새로운 사상을 받아들이는 것 중
무엇이 더 중요할까요?

: 돈보다 중요한 능력 :

만일 복권에 당첨된다면 그 큰돈으로 무엇을 하고 싶나요? 사고 싶은 것을 마음껏 살 수 있다면 정말 기분이 좋겠지요? 하지만 시간이 지날수록 낭비는 심해지고 돈을 헤프게 쓴 만큼 쉽게 잃고 말 거예요. 돈을 쓰기에 앞서 신중하게 고민한다면 좀 더 의미 있는 일에 사용할 수 있겠지요?

만일 회사를 차렸다고 생각해 봐요. 큰돈이 있기 때문에 회사를 차리는 데는 문제가 없을 거예요. 하지만 갑자기 사장님이 되어 회사를 경영한다는 것은 그리 쉬운 일이 아니에요. 어떤 업종으로 장사를 시작할지도 정해야 하고, 어떤 물건을 팔면 좋을지 트렌드도

조사해야 해요. 무엇보다 뚜렷한 사업 전략이 필요해요. 어떤 제품을 어디에서 팔고 얼마의 이윤을 낼 것인지 정하는 것이 가장 중요해요. 직원 또한 잘 뽑아야겠죠? 함께 아이디어를 내고 계획한 대로 일을 수행해야 하기 때문에 뛰어난 인재가 필요하답니다.

> **이윤**
> 장사를 해서 남는 이익을 말해요.

이런 식으로 따져 보면 사업을 성공시키는 데는 그저 돈만 필요한 게 아니에요. 돈은 쓰는 만큼 사라지고 마니까요. 트렌드를 잘 반영한 사업 계획, 훌륭한 인재, 예상치 못한 상황에 대응하는 뛰어난 대처 능력 등을 적절하게 발휘해야 좋은 결과에 도달할 수 있어요. 세상의 모든 일이 다 마찬가지겠지요?

: 흥선대원군과 명성황후의 갈등 :

조선의 마지막 국왕은 사실상 고종입니다. 고종이 1907년에 일제에 의해 강제로 퇴위된 후에 순종이 즉위합니다. 그리고 1910년에 조선이 식민지가 되었기 때문에 정확히 말하면 조선의 마지막 국왕은 순종이에요. 더구나 고종이 1897년에 대한제국을 선포했기 때문에 고종도 황제였고 순종도 황제였죠. 따라서 엄밀히 말하면 1910년에 조선이 아닌 대한제국이 멸망했다는 표현

> **일제**
> 1800년대 후반에서 1900년대 중반까지의 제국주의 일본을 부르는 말이에요.

> **즉위와 퇴위**
> 임금에 자리에 오르는 것을 즉위, 물러나는 것을 퇴위라고 해요.

고종 황제와 대한제국

서양식 황제복 차림을 한 고종 황제의 모습이에요. 고종은 일본이 조선을 집어삼키려 위협하는 중에도 자주독립 국가를 세우려고 끊임없이 노력했어요.

이 정확합니다. 그럼에도 불구하고 사람들은 대한제국을 잘 떠올리지 않아요. 워낙 짧게 지속되었고 조선의 연장선상에 불과했으니까요. 또한 제국이란, 식민지를 거느리거나 강력한 국력을 가진 나라를 말하는데 대한제국은 그렇지 못했어요. 순종이 마지막 황제이긴 하지만 3년 정도만 제위에 있었을 뿐이고, 오랜 기간 분투하며 무너져가는 조선을 일으키고자 노력했던 국왕은 고종이었습니다.

> **분투**
> 있는 힘을 다해 싸우는 것을 말해요.

고종은 열두 살의 어린 나이에 즉위합니다. 그래서 1863년부터 약 10년간은 어린 고종을 대신해서 그의 아버지 흥선대원군이 통치했어요. 이후 성인이 된 후에야 고종이 직접 통치합니다. 그러나 이 과정은 순탄하지 않았어요. 아버지 흥선대원군과 아내 명성황후의 갈등이 심각했기 때문입니다. 원래 고종은 아버지의 뜻을 잘 따랐고 아버지의 개혁을 존중했어요. 하지만 국제 관계를 바라보는 시각에서 차이가 컸답니다. 고종은 명성황후와 함께 개화정책을 지지했어요. 서양 열강에 문호를 개방하고 우리도 서둘러서 근대화정책을 추진해야 한다고 생각했습니다. 아버지 흥선대원군과 생각이 달랐던 거죠.

> **열강**
> 여러 강한 나라를 말해요.

흥선대원군의 개혁

아직 어린 고종이 왕위에 오르자 흥선대원군은 흐트러진 나라의 정치를 바로잡기 위해 다양한 개혁을 실시했어요.

① 인재 등용
   오랫동안 왕실 정치를 좌지우지하던 안동 김 씨를 몰아내고 가문을 가리지 않고 인재를 뽑았어요.
② 서원 정리
   세금을 내지 않고 당쟁(정치 싸움)을 일삼으며 특권만 누리던 많은 서원(선비들이 모여 공부하던 곳)을 없애 농민들의 부담을 덜어줬어요.
③ 양반에게 세금 부과
   이제까지 세금을 내지 않던 양반들에게도 세금을 내게 해 농민들이 크게 지지했어요.

더구나 흥선대원군과 명성황후는 지나치게 권력 다툼을 벌였어요. 고종이 성인이 되었음에도 불구하고 대원군은 계속 국가를 통치하고자 했고 명성황후는 이를 용납하지 않았죠. 명성황후는 대원군이 너무 많은 권한을 함부로 사용한다고 최익현을 시켜 지적했고, 이 때문에 대원군은 명예롭지 못하게 쫓겨났습니다.

하지만 대원군은 권좌에 복귀하고 싶었어요. 아들 고종이 성인이 되었고 합법적인 권력 계승자였음에도 불구하고 이를 인정하지 않았던 것이죠. 고종이 자신과 점점 멀어진 이유를 며느리를 잘못 들여서라고 생각했던 것 같아요. 흥선대원군은 세력을 규합하였고 틈만 나면 권좌에 복귀하려고 여러 공작을 펼칩니다. 다음 장에서 배울 임오군란이 일어났을 때도, 동학농민운동이 일어났을 때도, 갑오개혁이 일어났을 때도 대원군은 어떻게 해서든 권좌에 복귀하려고 했습니다. 그래서 아들 고종과 더욱 사이가 나빠졌지요.

개화정책을 추진한다는 점에서 명성황후는 대원군이 가지지 못한 안목이 있었어요. 또한 고종을 보필하면서 외교전에서 중요한 역할을 펼쳤습니다. 개항을 하고 나니 세계 각국의 외교관들이 한양에 몰려들었어요. 이들은 주

> **권좌에 복귀하다**
> 권력이 강한 자리로 다시 돌아오는 것을 말해요.

> **세력을 규합하다**
> 어떤 일을 꾸미려고 사람을 모으는 것을 말해요.

> **외교전**
> 여러 방법을 써서 자기편에 유리하도록 이끄는 일을 말해요.

> **개항**
> 외국과 물자나 문물을 교류할 수 있게 항구를 개방하는 것을 말해요.

로 덕수궁 뒤편 정동 일대에 머물렀답니다. 이들은 손탁호텔에 모여 여러 이야기를 나누고, 다양한 교류를 했습니다. 손탁은 독일계 프랑스인이었는데 러시아 공사의 추천으로 조선에 들어오게 됩니다. 그는 고종과 명성황후의 신임을 받아서 호텔을 열 수 있었어요. 명성황후는 손탁을 후원했고 손탁호텔에서의 만남을 통해 세계 여러 나라의 외교관과 교류했습니다. 흥선대원군과는 전혀 다른 모습이었죠.

> ### 고종의 개화정책
>
> 개화정책이란 새로운 사상와 문물을 받아들이는 정책이라는 뜻이에요. 1875년 일본 군함 운요호가 강화도 바다에 강제로 들어와 일본과 무역을 할 것을 강요한 강화도조약을 계기로, 조정은 서양과 무역하는 것을 찬성하는 쪽과 반대하는 쪽으로 나뉘어요. 찬성하는 쪽은 서양 문물을 받아들여 나라의 힘을 길러야 한다고 생각했고, 이에 따라 고종은 새롭게 관제(나라를 관리하고 운영하는 조직)를 편성하고, 신식 군대를 창설하고 일본과 미국에 젊은이를 보내 새로운 문물을 배워오게 했어요.

> **부정부패**
> 바르지 못하고 타락한 상태를 말해요.

하지만 명성황후는 **부정부패** 문제가 심각했어요. 평소에 돈을 함부로 쓰고 자신을 꾸미거나 왕실의 권위를 높이기 위해 흥청망청 재정을 낭비했습니다. 가장 큰 문제는 세도정치가 부활했다는 점이에요. 세도정치란 왕실의 친척들이 권력을 잡고 마음대로 정치를 하는 일이에요. 명성황후의 친척들이 대거 등용이 되면서 국정 운영에 문제가 생겼어요. 민겸호, 민승호, 민영익, 민영규, 민영준 등이 단지 명성황후의 집안사람이라는 이유로 국가의 요직에 등용되었습니다. 이들은 매관매직을 일삼고 각종 문제를 일으켰습니다. 홍선대원군이 국제 관계에 무지하고 지나치게 강경한 태도를 취한 데 반해 명성황후는 개화정책을 추진했다는 점에서 장점이 있어요. 하지만 대원군이 개혁 정책을 추진하고 부정부패와 싸우면서 무너진 조선을 일으켜 세우기 위해 노력했다면, 명성황후는 이 지점에서 철저하게 무능했어요. 방향도 중요하지만 과정이 훨씬 중요하잖아요? 강력한 근대국가가 되기 위해서는 탄탄한 사회시스템이 정착되어야 하고 그러려면 부정부패가 없어야 하는데 어찌 보면 명성황후는 기본이 안 되었다고 할 수 있습니다.

> **요직**
> 중요한 직책을 말해요.

> **매관매직**
> 돈이나 재물을 받고 벼슬을 시켜 주는 것을 말해요.

: 개화파와 위정척사파의 대립 :

고종이 개화정책을 추진할 무렵 개화파가 등장합니다. 오경석, 유대치, 박규수 같은 이들이에요. 오경석은 통역과 번역 업무를 맡았던 역관이고 유대치는 사람의 병을 치료하는 의관이었습니다. 조선 시대 중인 신분의 사람들이죠. 오경석은 중국을 오가면서 변화하는 세계를

> **중인**
> 조선 시대에 양반과 평민 중간에 있던 기술직이나 사무직에 종사한 사람을 말해요.

온몸으로 느낍니다. 서양 세력이 너무나 강대하고 근대화라는 것을 피할 수 없다고 생각했어요. 당시 중국에서는 《영환지략》과 《해국도지》라는 책이 유행합니다. 아편전쟁을 통해 청나라가 영국에 패배했거든요. 이 사실이 청나라 지식인들에게 큰 충격으로 다가왔어요. '왜 중국이 서양에 졌을까?', '어떻게 하면 다시 중국이 일어설 수 있을까?', '우선은 서양인들의 역사와 문화를 알아야겠다!' 이런 생각에서 쓴 책들입니다. 이 책은 중국에 크게 영향을 미쳤을 뿐 아니라 일본에 소개되어 큰 인기를 끕니다. 일본이 근대국가로 나아가는 데 큰 영향을 미쳤으니까요.

　오경석은 이 책을 구입해서 돌아온 후 유대치와 함께 공부합니다. 그리고 박규수를 찾아가요. 박규수는 실학자 박지원의 손자이고 훌륭한 관리였습니다. 양반사대부였던 박규수는 신분에 구애되지 않고 오경석과 유대치를 잘 대해 줍니다. 그리고 함께 의기투합하게 되죠. 개화정책을 추진하고 근대국가로 나아가야 한다는 데 의견을 모으게 돼요.

> **의기투합**
> 마음이나 뜻이 서로 맞는 상태를 뜻해요.

　여기에 김옥균, 박영효, 김홍집 등 여러 후배들이 함께 참여해요. 박규수가 워낙 유명한 명문가 양반이었고 수많은 사람들이 박규수와 교류하기를 원했거든요. 김옥균, 박영효, 김홍집 등은 박규수처럼 유명하지는 않지만 명문가의 자제들이고 똑똑하기로 소문난 인재들이었어요. 이들이 박규수 집에 머물면서 오경석, 유대치 등에게 개화 사상을 배우게 돼요. 조선이 영국이나 프랑스처럼 근대국가가 되어야 한다고 생각하게 되었죠.

양산 척화비

경남 양산에 위치한 대원군척화비예요.
"서양 오랑캐가 침범했을 때 그들과 싸우지 않으면 화해하는 것이요,
화해를 주장하는 것은 나라를 파는 일이다."라고 적혀 있어요.
서양과 교류하지 않겠다는 굳은 의지가 드러나요.

이들은 특히 일본에 주목했어요. 같은 아시아 국가지만 개화정책을 통해 누구보다 빠르게 근대국가로 나아가고 있었으니까요. '일본이 아시아의 영국이라면 조선은 아시아의 프랑스가 되어야 한다.'는 게 김옥균의 포부였습니다. 김옥균, 박영효 등은 급진개화파라고 불렸어요. 일본을 모델로 삼아서 빠르고 급진적으로 조선을 근대국가로 만들어야 한다는 입장이었습니다. 함께 개화를 주장했지만 김홍집 등은 온건개화파로 분

> **포부**
> 마음속에 지니고 있는 미래에 대한 계획이나 희망을 말해요.

류합니다. 청나라의 모델을 따라서 유교 국가로서의 정체성을 지키되 차분하게 서양 문물을 받아들이자는 주장이었어요. 당시 일본이 서양의 모든 것을 따라하겠다며 급진적으로 개혁을 추진했다면 청나라는 조금 달랐어요. 기존의 사회시스템을 그대로 유지하되 무기를 수입하거나 회사를 세우거나 유학생을 보내는 등 점진적인 개혁을 선호했습니다. 김옥균, 박영효, 김홍집 등은 우리나라보다 앞서서 개혁을 추진하고 있던 일본이나 청나라를 모델로 삼아 조선을 근대국가로 바꾸고자 했던 것입니다.

> **급진적 개혁과 점진적 개혁**
> 변화의 속도가 빠른 개혁을 급진적 개혁, 조금씩 나아가는 것을 점진적 개혁이라고 말해요.

하지만 이런 생각을 가진 이들은 소수였습니다. 대부분의 유학자들이나 양반사대부들은 전통을 고수하기를 원했어요. 임진왜란과 병자호란 이후 오랜 기간 사회가 정체되었기 때문에 사람들은 새로운 변화를 받아들이려 하지 않았거든요. 이제껏 해 오던 방식이 편하고 익숙했던 거예요. 서양 문물을 배척하고 성리학 질서를 계속 유지하고 싶었던 사람들을 위정척사파라고 부릅니다. 개화파와 대립을 하면서 근대국가로 나아가기를 거부했던 사람들입니다.

자, 상황이 정말 많이 바뀌었어요. 서양 열강의 위협이 강해지고, 근대 문물이 쏟아지고 있어요. 한편에는 변화를 거부하는 사람들이 있고 반대편에는 빠르게 변화를 추진하고 싶은 사람들이 있어요. 또 다른 한편에는 안정적인 변화를 선호하는 사람들이 있습니다. 그리고 이들의 주장을 들으며 어느 쪽이든 선택해야만 하는 고종을 비롯한 조선 왕실의 사람들이 있었고요. 과연 어떤 선택이 올바른 것일까요? 어떻게 해야지만 여러 어려움을 극복하고 조선이 이전처럼 잘 살아갈 수 있을까요? 조선 말기, 마치 태풍 전의 고요처럼 조선 사회가 술렁이고 있었습니다.

강화도조약과 개항

자원을 빼앗기 위해 철도를 깔아 줬다면, 고마워해야 할까요?

: 나라와 나라의 관계에는 합의가 필요해요! :

해외여행과 국내여행은 어떻게 다를까요? 국내여행의 경우 절차가 간편해요. 비행기를 탈 때에도 신분증과 항공권만 있으면 전국 어디든 갈 수 있습니다. 하지만 해외여행의 경우는 절차가 복잡하고 훨씬 엄격하죠. 우선 여권이 필요해요. 여권은 우리가 대한민국 국민이라는 것을 보증하는 문서랍니다. 경우에 따라서는 비자를 발급받기도 해요. 비자는 출입국 심사제도인데 우리가 어떤 나라에 갈 수 있는지 자격을 따지는 것을 말해요. 나라에 따라 비자 없이 여행이 가능한 곳이 있고, 엄격한 심사를 거쳐 비자를 발급받아야 입국할 수 있는 나라도 있어요. 지금은 미국에 갈 때 전자여권만 있으면 되지만 20년 전만 하더라도 아무나 미국에 갈 수 없었어요. 미국 대사관에 미리 예약을 하고 몇 시간씩 줄을 서서 기다리고, 영어로 된 면접을 통과해야만 비자를 받을 수 있었어요. 한번 심사에서 떨어지면 그다음에 여권을 받기도 어려웠답니다. 하지만 제도가 바뀌면서 지금은 편하게 미국을 오갈 수 있게 되었습니다.

다른 나라를 여행한다는 것은 생각보다 복잡한 문제예요. 우선 우리나라와 외교 관계가 수립되어 있어야 하고, 비자 제도를 비롯하여 여러 절차들을 따라야만 하거든요. 여행만이 아니에요. 2000년대 이전까지는 일본 영화나 드라마를 우리나라에서 볼 수 없었어요. 일본과 우리나라 사이에 문화개방협정을 맺지 않았거든요. 일본 음악을 듣는 것도 불법이었고 일본 영화를 보는 것도 불법이었어요. 하지만 2000년에 문호개방을 하면서 지금은 한류가 일본에서 큰 인기를 끌고 있죠.

> **문호개방**
> 세계 여러 나라가 서로 무역과 문물을 자유롭게 교류하는 것을 말해요.

이렇듯 나라와 나라의 관계는 생각보다 복잡하고 까다롭습니다. 두 나라가 조약을 맺고, 여러 분야에서 합의하는 과정이 필요해요. 그리고 이러한 합의를 바탕으로 여행도 가고 문화를 교류하게 된답니다.

: 일본의 힘에 밀려 강제로 맺은 강화도조약 :

조선은 1876년에 일본과 강화도조약을 맺으면서 개항하게 됩니다. 메이지유신을 통해 근대화에 성공한 일본은 조선 진출을 시도합니다. 운요호라는 해군 함정을 끌고 와서 강화도에서 무력시위를 했

> **무력시위**
> 강한 군사력을 자랑하며 드러내는 일을 말해요.

어요. 우리 군대가 발포를 하니까 이를 문제 삼고 개항을 요구한 거예요. 우리 역시 개화정책을 추진하고 있었기 때문에 조선과 일본 간에 조약이 맺어지게 됩니다. 그런데 내용을 따지면 불합리한 측면이 많았어요. 강화도조약은 '조선은 자주독립국'임을 강조합니다. 당연한 말이지만 실제로는 일본의 속셈이 있었어요. 당시까지만 하더라도 조선은 사대를 하고 있었거든요. 청나라를 사대의 예로 섬겼다고 해서 식민지 같은 직접 지배를 받는 것은 아니에요. 하지만 일본은 조선을 자주독립국으로 강조하면서 청나라와의 유대 관계를 깨뜨리려고 했습니다. 강화도조약은 일본인의 '치외법권'을 보장하고 있어요. 치외법권이란, 조선에서 활동하는 일본인들이 죄를 지었을 경우 일본 법정에서 재판을 받는 거예요. 우리나라에서 죄를 지어도 처벌할 수가 없으니 불합리한 부분이에요. 개화정책을 추진하면서도 아직 세계적인 흐름에 익숙하지 않았던 것이 조선의 형편이었습니다. 그런데 당시 서양 열강들이 아시아, 아프리카의 여러 나라와 불합리한 조약을 맺었고 이를 이용해서 침략하려고 했거든요. 일본 역시 이와 같은 방식으로 조약을 맺으려 했기 때문에 문제가 많았습니다.

강화도조약을 통해 세 개의 항구를 개항하는데 바로 인천, 원산, 부산이에요. 부산은 일본과 가까워 조선시대 때부터 일본인들이 거주하는 등 일본과 관련이 깊은 곳이에요. 일본 상인들이 많이 드나들었기 때문에 부산 항구를 개항하는 것은 경제적 이익을 위해서라도 당연했습니다. 이에 비해 인천항은 정치적 목적이 강했어

일본이 힘으로 밀어붙인 강화도 조약

왼쪽은 1876년 1월 무력 시위를 벌이는 일본 함대의 모습이고, 오른쪽은 강화도 조약이 체결된 강화도 연무당입니다. 연무당 앞에 일본 군대가 위협적으로 서 있는 것이 보여요.

요. 인천은 한양과 가깝기 때문에 이곳을 통해 장사하는 것이 경제적으로 유리했고, 한양은 조선의 수도였기 때문에 정치적 영향력을 행사하기에도 좋았죠. 인천에서 영등포를 거친 후 한강을 건너 용산을 통과하면 수도 한양의 관문인 남대문이 나옵니다. 처음 인천에 정착한 일본인들은 이후 남대문 근처의 용산과 명동을 비롯한 한양 남쪽에 대거 정착하게 돼요. 인천을 개항했기 때문에 가능했던 것이지요.

원산의 경우는 대륙 진출과 관련이 깊습니다. 원산에서 만주 일대로 진출하기에 유리했거든요. 동해를 따라가면 블라디보스토크가 나오고, 황해 쪽으로 가면 평양과 의주를 거쳐 심양, 베이징으로 갈 수 있거든요. 즉, 만주는 물론이고 러시아와 중국으로까지 진출

할 수 있습니다.

 세 개 항구를 개항한 일본은 철도를 놓기 위해 안간힘을 썼어요. 당시에는 철도가 정말로 중요한 자산이었거든요. 철도를 놓으면 사람과 물자의 이동 속도가 엄청나게 빨라져요. 철도가 놓이기 전까지는 대부분 해로, 즉 배를 통해 바다나 강으로 이동했습니다. 육로로 이동하는 것이 쉽지 않았고 특히 대량으로 물건을 운송하는 게 불가능했거든요. 기껏해야 말을 타고 이동하거나 짐을 직접 지게에 지고 돌아다녀야 했으니까 해로에 비해 불편할 수밖에 없었어요. 그런데 철도가 깔리고 기차가 움직이면 단숨에 이런 문제들이 해결됩니다. 더구나 철도가 놓이면 군대가 빨리 이동할 수 있겠죠? 군대가 단숨에 이동하여 해당 지역을 점령하고, 그 지역의 물자를 철도를 통해 본국으로 가져가 버릴 수도 있고요.

조선 역시 철도를 놓으려고 했어요. 근대화가 되는 데 있어서 철도만큼 중요한 시설은 없었으니까요. 하지만 자력으로 철도를 놓을 수 없는 상황이었고 결국 일본이 **철도 부설권**을 가져가고 맙니다. 우선 **서울**에서 인천을 잇는 경인선을 놓고 이후에 서울과 부산을 잇는 경부선, 서울과 의주를 잇는 경의선, 마지막으로 서울과 원산을 잇는 경원선과 전라도 지역으로 가는 호남선 등을 놓으면서 한반도에 X자 모양의 철도망을 완성한답니다. 일본이 철도를 적극적으로 놓은 것은 청나라나 러시아 같은 경쟁국을 몰아내고 조선을 식민화하기 위해서였어요. 그리고 식민화된 조선의 많은 자원을 효율적으로 **수탈**해가기 위함이었죠. 여하간 일본은 강화도조약 이후 꾸준히 조선에 진출하면서 야금야금 중요한 이권들을 확보해 나갑니다.

> **철도 부설권**
> 철도를 설치할 수 있는 권리를 말해요.

> **서울의 이름**
> 오늘의 서울을 조선시대 때는 한양 혹은 한성, 일제강점기 때는 경성이라고 불렀어요.

> **수탈**
> 강제로 빼앗는 것을 말해요.

이에 반해 조선은 딱히 일본으로 진출하지 못했어요. 근대국가로 발전하지 못했기 때문에 일본으로 진출하기 위한 힘이 없었던 거예요. 대신에 수신사를 여러 차례 파견했어요. 수신사는 외교사

―― 일본의 철도 부설 ――

절단을 말해요. 관료를 파견해서 일본의 발전된 모습을 확인하고 싶었던 겁니다. 철도가 놓이고, 신문이 발행되고, 사람들의 의복이나 생활 문화가 변화하고, 강력한 군대가 양성되는 등 여러 면에서 앞서고 있던 일본을 배우려고 했던 거예요.

조선은 강화도조약 이후 서양의 여러 나라와 조약을 맺어요. 미국과 가장 먼저 외교 관계를 수립하였고 이후 영국, 독일, 러시아, 프랑스 등 여러 나라와 정식으로 외교 관계를 맺게 됩니다. 불과 몇

년 전까지만 하더라도 전쟁을 벌이면서까지 적대시했던 나라들과 교류를 시작하게 된 거예요.

: 학교와 병원을 세운 미국의 선교사들 :

미국에서는 선교사들이 많이 들어왔어요. 알렌, 아펜젤러, 언더우드 같은 이들이 전국을 돌아다니면서 선교 사업을 펼쳤는데 반응이 매우 좋았습니다. 이들은 병원과 학교를 세워서 민중을 돌보고, 근대 교육을 전파했습니다. 조선 말기까지만 하더라도 제대로 된 의료시스템이 없었기 때문에 조선의 민중들은 너무나 힘들었어요. 어디가 아파도 치료를 받지 못했거든요. 기껏해야 무당에게 찾아갈 뿐이었어요. 무당은 돈을 받고 굿을 해 주지만 나을 리 만무했죠. 특히 전염병 문제가 심각했어요. 천연두, 콜레라 같은 전염병이 반복적으로 유행했고 셀 수 없이 많은 사람이 비참하게 죽어갔어요. 부모가 죽어서 보살핌을 받지 못하는 아이들이 부지기수였죠. 전염병에 걸린 남편을 돌보다 전염되어서 아내가 함께 죽기도 하고 일가족이 모두 죽는 경우도 많았습니다. 선교사들은 적극적으로 의료 선교를 펼쳤습니다. 다양한 질병을 치료하였고 무엇보다 조선 정부와 협력해서 전염병을 막아내는 데 적극적이었어요. 조선 민중의 입장에서는 기쁠 수밖에 없었지요. 하지만 무당들은 화가 났습니다. 사람들이 자신들을 찾아오지 않고 선교사에게 갔기 때문에 돈을 벌 수 없었거든요. 무당들은 거짓 소문을 내기 시작합니다. '선교사들이 고아원을 운영하는 이유는 아이들을 잡아먹기 위해서

> **유언비어**
> 근거 없이 퍼진 소문을 말해요.

다.', '주사를 맞으면 머리가 멍청해지고 죽고 만다.'는 얼토당토 없는 이야기를 쏟아냈습니다. 하지만 무당들은 병을 치료하지 못한 반면 선교사들이 보급한 신식 의료 기술은 효과가 있었기 때문에 무당들의 유언비어는 통하지 않게 되었습니다.

    선교사들은 학교를 세웠어요. 특히 여학교가 크게 환영을 받았습니다. 여성은 교육을 받을 기회가 없었거든요. 그런데 여학교가 만들어지고 여성 선교사들이 여성들을 교육하기 시작한 거예요. 여자도 글을 읽고 쓸 수 있었고 교육을 받을 수 있게 되었습니다. 이러한 노력 때문에 여성 간호사가 등장하기도 했고 무엇보다 1919년 3·1운동 때는 여학생들이 치열하게 만세운동을 하면서 적극적으로 독립운동을 이끌기도 했습니다. 여성은 가정에 머무르며 자녀를 돌보고 집안일을 해야 한다고 생각했던 유교사상에 비한다면 어마어마한 변화라고 할 수 있습니다.

    선교사들 중에는 외국인임에도 불구하고 우리 민족을 위해 노력했던 인물들이 많았어요. 언더우드나 아펜젤러는 일본의 위협 가운데 고종을 보호하려고 노력했습니다. 헐버트의 경우는 고종의 밀명을 받고 조선의 독립을 위한 외교 활동에 투신하기도 했어요. 스코필드는 3·1운동 당시 일본 군인들이 벌인 제암리학살사건을 전 세계에 알리며 일제의 만행을 비판하는 데 앞장섰습니다. 많은 선교사들이 고국으로 돌아가지 않고 조선에서 활동을 펼치다가 죽었는데 이들은 오늘날 마포구 일대에 조성된 양화진 묘역에 잠들어

이화학당에서 공부한 유관순 열사와 학우들

뒷줄 맨오른쪽이 유관순 열사입니다. 이화학당은 1886년 선교사였던 메리 스크랜턴이 설립한 한국 최초의 여성 교육기관이에요.

있습니다. 스코필드의 경우 미국으로 돌아갔다가 해방 이후 우리나라로 돌아와서 대학교 교수 등을 역임하면서 한국사회의 발전을 위해 적극적인 활동을 벌이기도 했습니다.

하지만 선교사들의 활동은 아주 예외적이었다고 할 수 있어요. 대부분 조선에 들어오는 외국인들은 외교관 아니면 상인들이었습니다. 외교관들은 본국의 지시에 따라 조선에 영향력을 행사하려고 했어요. 광산, 산림 같은 조선의 천연자원을 탐냈고 불평등 조약을 맺어서 조선의 여러 가지 것들을 빼앗으려고 했습니다. 상인들 역시 마찬가지였어요. 조선에서는 생산되지 않는 다양한 제품을 판매하면서 상권을 장악했거든요. 일본뿐만 아니라 서양의 열강 역시 조선을 자신들이 원하는 대로 요리하기 위해 안간힘을 썼던 거예요. 제국주의 시대였기 때문입니다.

임오군란과 갑신정변

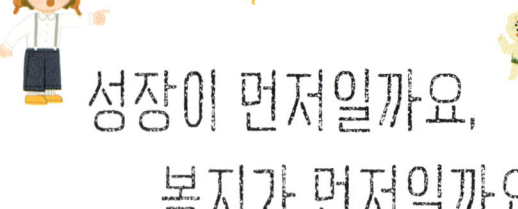
성장이 먼저일까요, 복지가 먼저일까요?

: 우리의 삶과 떼어 내 생각할 수 없는 정치 :

어른들은 뉴스를 좋아해요. 뉴스 프로그램을 보면서 이러쿵저러쿵 이야기도 나누고 정당이나 정치가를 지지하기도 해요. 나라에서 일어나는 여러 일에 대해 염려도 하고, 새롭게 추진되는 정책을 두고 잘했다, 못했다 평가도 내립니다. 때가 되면 선거에도 참여해요. 후보들이 차를 몰고 다니면서 지지를 호소하고, 후보들의 소개와 정책 내용이 담긴 책자가 집으로 배달되기도 합니다. 선거일이 되면 부모님들은 근처 투표소에서 투표를 해요. 텔레비전에서는 선거 결과를 생방송으로 전달하지요. 선거가 끝나면 부모님들의 기분이 좋거나 나빠져요. 지지하는 정당이 승리를 거두면 기쁘고, 그렇지 않으면 속상하니까요. 오늘날에는 민주주의 정치 제도가 자리를 잡았기 때문에 선거와 같은 방식으로 정치적인 문제를 해결한답니다. '왜 엄마, 아빠는 저런 재미 없는 일에 관심을 두지?'라고 생각하겠지만 우리는 대한민국이라는 공동체의 구성원이기 때문에 나라가 잘되는 일과 가정이 잘되는 일을 떼어서 생각할 수 없어요. 나라가 잘되고 가정이 잘되어야 우리 모두 행복하게 살 수 있겠지요?

무엇이 진짜 잘되는 일이냐에 대해선 입장 차이가 생길 수밖에 없어요. 노동자와 서민을 위한 정책을 펼치는 게 중요할까요? 아니면 기업을 지원하고 빠르게 경제 성장을 추구하는 게 중요할까요? **최저임금**은 얼마까지 올리는 것이 합당할까요? 매번 다양한 이슈가 쏟아져 나오고 전문 정치가나 학자가 아니더라도 국민으로서 이런 문제에 관심을 가지는 일은 중요해요. 항상 선택이라는 것을 해야만 하니까요. 사람들이 저마다 자신의 생각이 옳다고 믿다 보니 논쟁이 생기고 다툼이 생기죠. 오늘날에는 좋은 정치 제도가 마련되어 있기 때문에 입장이 다르다고 서로를 공격하거나 한번 선거에서 졌다고 해서 모든 것을 잃거나 하지는 않아요. 하지만 민주주의가 발전하지 못했던 과거에는 어땠을까요? 더구나 왕조사회에서 근대화로 나아가려고 하는 조선 말기의 상황에서는 어땠을까요? 보다 나은 것을 선택하는 과정에서 일어나는 갈등에 관하여 생각해 볼 필요가 있어요.

> **최저임금**
> 근로자에게 그 아래로 지급해서는 안 된다고 정한 임금의 액수예요. 노동자에게 적어도 최저임금만큼은 지불해야 해요.

: 신식 부대와 구식 부대의 갈등 임오군란 :

1882년에 임오군란이 터져요. 임오군란이란 임오년에 일어난 구식 군인들의 반란이라는 뜻이에요. 6년 전인 1876년에 강화도조약을 맺으면서 개화정책을 추진했잖아요? 서양인들이 조선에 들어오기 시작했고 고종과 명성황후를 중심으로 각종 개화정책들이 추진되었어요. 새로운 정책을 추진하다 보니 돈이 많이 필요했어요. 재정이 있어야 정책을 추진하고 전기, 전차, 전등 등 근대 시설을 설치할 수 있잖아요? 나라에서 세금을 올려서 재정을 마련하다 보니 백성들 입장에서는 가뜩이나 먹고살기 어려운 와중에 부담이 될 수밖에 없었어요. 더구나 근대화가 무엇인지, 서양 열강이 아시아로 진출하는 것이 무엇을 의미하는지에 대해 이해하기가 어려웠고요. 오늘날의 입장에서야 개화정책을 통해 근대국가가 되어야 한다는 것에 동의하겠지만 이때만 하더라도 그런 생각을 하는 사람들은 소수였습니다. 그러니 백성들 입장에서는 이해도 안 되는 정책을 추진하면서 백성들에게 부담만 준다고 생각했겠죠?

더구나 위정척사파 입장에서는 개화정책에 분개할 수밖에 없었어요. 조선은 성리학의 국가이고 서양인이나 일본인은 오랑캐에 불과한데 왜 이런 변화를 시도하는지 용납이 안 되었던 거죠. 백성들은 현실을 이해하지 못했고 위정척사파들은 개화정책에 대해 크게 반발을 했으니 사회 갈등이 심각할 수밖에 없었어요.

더구나 고종과 명성황후 그리고 흥선대원군 간의 갈등도 심각했어요. 흥선대원군은 고종의 변심을 이해하지 못했어요. 어린 시

절 아버지를 잘 따랐고 젊은 날에도 아버지와 비슷한 생각을 했던 아들이 성인이 되고 나서 아버지의 생각을 부정하고 며느리인 명성황후와 의기투합을 해서 개화정책을 펼치는 것이 도무지 이해가 되지 않았죠. 흥선대원군은 권력을 되찾고 싶었어요. 본인이 추구했던 개혁 정책이 맞다고 믿었으니까요. 반면 고종은 스무 살이 넘어 성인이 되었으니 당연히 국왕으로써 본인이 원하는 정책을 추진하고 싶었죠. 개화정책이라는 측면에서 아내였던 명성황후와 같은 생각을 하고 있었고요. 아버지와 아들의 갈등, 시아버지와 며느리의 갈등이 심각해진 거예요.

고종은 별기군이라는 신식 군대를 만들었어요. 기존에 있었던 구식 군인으로는 서양의 군대를 상대할 수 없다고 보았죠. 일본식 군복을 입고, 일본인 교관의 지도를 받는 새로운 군대를 만든 거예요. 구식 군인들 입장에서는 좋게 생각할 리가 없죠. 별기군만 특별한 대우를 받는다고 여겼으니까요. 무엇보다 심각했던 것은 구식 군인들에게 월급을 제대로 주지 않았다는 거예요. 1년이 넘게 월급을 주지 않았으니 분노가 극에 달했죠. 임시로 한 달치 월급이 나왔는데 구식 군인들은 크게 격분해요. 당시에는 월급을 쌀로 주었는데 쌀가마를 열어 보니 절반이 모래이거나 물에 불린 쌀이 들어 있었어요. 먹을 수 없는 쌀을 월급이라고 준 거예요. 얼마나 화가 났겠어요? 구식 군인들이 이에 격분해서 따지니까 일을 바로잡기는커녕 주동자를 잡아서 처형을 하는 등 강경하게 대응하기까지 했어요. 당시 군인들의 월급을 책임지고 있던 인물은 민겸호라는 인물인데 명성황후의 오빠였어요. 누이를 믿고 부정부패를 일삼던 인

별기군의 모습

우리나라 최초의 신식 군대 별기군의 모습이에요.

물이었죠.

결국 구식 군인들이 봉기를 했어요. 무기를 들고 민겸호를 비롯한 부패한 관리들을 죽이고 조정으로 쳐들어갔죠. 구식 군인들이 봉기를 하니까 민중들도 합세해요. 외국인을 공격하고 일본 공사관을 불태우는 등 그간 억눌렸던 분노를 표출했어요. 구식 군인들은 흥선대원군에게 도움을 청했고 이 기회를 이용해서 흥선대원군은 권력을 잡게 됩니다.

하지만 이러한 분위기는 오래가지 않았어요. 명성황후는 청나라에 도움을 요청했고 청나라 군대가 들어오면서 임오군란이 진압되었습니다. 흥선대원군은 청나라로 끌려갔고 고종과 명성황후는 권력을 되찾았어요. 하지만 외세를 끌어들여 권력을 찾는 바람에 문제가 커졌죠. 이때부터 청나라는 조선을 식민지로 만들 궁리를 하게 됩니다. 원래는 사대관계였잖아요? 청나라를 황제의 나라로 모시기는 했지만 그렇다고 내정간섭을 받거나 하지는 않았거든요. 그런데 청나라는 굴욕적인 조약을 강요하고 수천의 군대를 용산 일대에 주둔시키는 등 조선을 식민지로 만들기 위해 내정에 간섭하기 시작했어요.

> **진압**
> 힘으로 억눌러서 진정시키는 것을 말해요.

> **내정간섭**
> 다른 나라의 정치에 강제로 간섭하는 것을 말해요.

일본의 경우 임오군란 당시 피해를 보았기 때문에 공사관을 관리한다는 명목으로 일본군을 파견했답니다. 임오군란의 결과는 끔찍했어요. 외국 군대가 국내에 주둔하고 청나라, 일본 등 여러 나라에서 조선을 식민화하려는 노골적인 시도가 이어졌으니까요. 제대로 된 개화정책을 추진하기도 전에 국가적인 위기가 닥친 셈입니다.

> **노골적**
> 숨김없이 드러내는 것을 말해요.

: 3일 만에 끝나 버린 갑신정변 :

그리고 2년 후인 1884년에 갑신정변이 일어납니다. 갑신정변은 김옥균, 박영효 등 급진개화파가 일으킨 정변이에요. 임오군란이 한 달여간 진행되었다면 갑신정변은 3일 만에 끝났기 때문에 '3일천하'라고 부릅니다. 김옥균, 박영효 등은 개화정책에 적극적인 사람들이었어요. 빨리 근대국가가 되어야지만 일본이나 청나라는 물론이고 서양 열강의 침략을 막을 수 있다고 보았어요. 급진개화파는 일본을 동경했어요. 아시아 국가 중에 유일하게 일본이 근대화에 성공했기 때문에 일본처럼 빠르고 강력한 사회 변화를 원했지요.

김옥균과 박영효 등은 동분서주했습니다. 김옥균은 국가 재정 시스템을 개혁하고자 했고 많은 학생을 해외에 유학 보내어 근대 문물을 배워 오게 했어요. 울릉도에 목재와 수산물이 풍성했기 때문에 이를 활용한 개발 정책을 추진하기도 했고요. 박영효는 강력한 군대를 만들기 위해 노력했습니다. 뛰어난 군사 지휘관을 선별하고 비록 수백 명 단위이긴 하지만 체계적인 군사 훈련을 시키면서 군대를 양성했어요.

하지만 이들의 적극적인 노력은 실패하고 맙니다. 청나라가 파견한 묄렌도르프라는 독일인과 사이가 무척 나빴기 때문이에요. 당시 개화정책을 추진하던 기구가 '통리기무아문'이었는데 임오군란 이후에 청나라 편을 드는 묄렌도르프가 이곳에 와서 사사건건 김옥균과 박영효에 반대하며 개화정책을 방해했거든요. 더구나 명성황후의 친척들이 문제였어요. 민씨 일가는 온갖 이권에 개입하면서 매관매직과 부정부패를 일삼았습니다. 급진개화파는 명성황후와 그 일파를 제거하고, 나아가 청나라 세력을 몰아내야만 나라를 살리고 제대로 된 개화정책을 추진할 수 있다고 생각했습니다.

> **이권에 개입하다**
> 자신과 관계 없는 권리에 끼어드는 것을 말해요.

마침 기회가 찾아왔어요. 청프전쟁. 청나라와 프랑스가 베트남에 대한 지배권을 두고 전쟁을 벌인 거예요. 조선에 파견되었던 약 4,000명의 군대 중 절반이 청프전쟁에 지원하거나 본국으로 돌아갔어요. 기회였던 셈이죠. 당시 일본은 급진개화파와 꽤 사이가 좋았어요. 급진개화파는 일본을 동경했고 일본 역시 이들을 이용하고 싶어했으니까요. 급진개화파는 정변을 일으키면 일본이 도와줄 것이라는 믿음이 있었습니다. 이들은 100여 명의 사람들을 규합하여 정변을 일으켰습니다. 하지만 상황이 뜻대로 되지 않았어요. 청나라 군대는 재빠르게 대응하였고 일본은 도와주지 않았습니다. 고종과 명성황후 역시 이들을 지지하지 않았고 민중들 또한 급진개화파를 좋아하지 않았죠. 갑신정변은 3일 만에 실패했고 김옥균, 박영효 등은 일본으로 망명하고 말았어요. 너무 성급했던 거예요. 좋은 의도를 가지긴 했지만 지지 기반이 약했고 청나라를 제압할 힘이 있었던 것도 아니었죠. 일본을 순진할 정도로 좋게 보았고요. 갑신정변으로 인해서 일단 청나라와 일본은 조선에서 군대를 거두어들입니다. 청나라는 당시 서양 열강의 침략을 받고 있던 상황이었어요.

> **망명**
> 자기 나라에서 박해를 받는 사람이 외국으로 몸을 피하는 것을 말해요.

톈진조약의 내용과 의미

	내용	의미
톈진조약에는 이런 의미가 있어요!	"조선에 중대한 사건이 발생해서 청나라나 일본 중 어느 한쪽이 군대를 보내게 될 경우 다른 나라에 문서로 알리고 사건이 진정되면 즉시 군대를 철수한다."	톈진조약 때문에 동학농민운동이 일어났을 때 청나라와 일본 군대 모두가 조선에 들어와 청일전쟁이 일어나는 계기가 되었어요.

청프전쟁에서 프랑스에 치욕적인 패배를 당했고요. 조선을 점령할 여력이 없었던 거죠. 일본 역시 당장 조선을 어찌해 볼 수 있는 상황이 아니었어요. 갑신정변이 끝나고 난 후 청나라와 일본은 톈진조약을 맺고 모두 군대를 본국으로 물렸답니다. 하지만 여지를 남겨두었습니다. 두 나라 군대 중 한 나라의 군대가 한반도에 들어올 경우 다른 나라 역시 군대를 보낼 수 있다는 약속을 맺었어요. 당장은 아니지만 기회가 되면 조선의 지배권을 두고 전쟁을 벌일 수 있음을 의미했습니다.

이제 갓 개화정책을 추진하던 조선은 참으로 암담한 상황에 처했습니다. 지나친 권력 투쟁, 민씨 일파의 부정부패 그리고 두 차례 군란과 정변이 일어났으니 시작부터 위기였던 셈이었죠.

동학농민운동과 갑오개혁

질 것이 뻔한 싸움을 이기게 하는 원동력은 무엇일까요?

: 모든 일에는 때가 있어요! :

'골든 타임'이라는 말이 있어요. 우리 말로 풀어서 설명하면 '모든 일에는 때가 있다.'라는 말이겠죠? 학생 시절에 열심히 공부하지 않으면 나중에 꿈을 이루는 데 문제가 생길 거예요. 단순히 좋은 대학을 가기 위해 열심히 노력해야 한다는 말이 아니에요. 공부라는 것도 습관이잖아요? 어려운 문제를 푸는 데 필요한 인내심, 장시간 공부를 감내하는 습관 그리고 건강한 체력과 평온한 마음 등 무엇인가를 이루기 위해서는 오랜 시간 자신을 단련하고 훌륭하게 만들어야 하죠.

개인도 그렇지만 회사나 나라도 마찬가지예요. 현재 우리나라는 세계적인 반도체 생산 국가잖아요? 원래 반도체는 미국과 일본만 만들 수 있는 까다로운 기술이었어요. 하지만 우리나라가 1970년대 후반부터 열심히 준비한 결과, 1990년대부터는 세계적인 반도체 국가로 부상했어요. 지금은 기술이 너무 고도화되어 있기 때문에 우리나라를 비롯한 몇 나라를 제외하고는 반도체 생산이 불가능하다고 해요. 그나마 1970년대에는 기술 수준이 낮았고 우리가 열심히 해서 미국과 일본을 따라잡을 기회가 있었던 셈이에요. 즉, 골든 타임을 놓치지 않았던 거죠. 개인도 그렇고 회사도 그렇고 나라에도 모두 골든 타임이란 게 있는 것 같아요. 만약 이 골든 타임을 놓치면 어떻게 될까요?

: 백성의 힘으로 세상을 바꾸고자 한 동학농민운동 :

때는 1894년. 갑신정변이 일어난 지 10년이 지났어요. 상황은 아주 지지부진했어요. 흥선대원군은 여전히 권력욕을 포기하지 못했고 명성황후와 민씨 일파는 여전히 부정부패를 자행했어요. 고종은 청나라에 의지해서 나라를 운영했습니다. 외세를 끌어들인 후유증이 너무 컸어요. 청나라는 조선을 노골적으로 식민지 취급했고 갑신정변 이후 10년간 조선 조정은 적극적인 개화정책을 추진하지 못하면서 근근이 나라를 유지하는 수준이었답니다. 10년이면 정말 긴 시간이잖아요? 모두가 똘똘 뭉쳐서 조선을 근대국가로 만들기에도 모자란 시간이었는데 그다지 의

> **자행하다**
> 제멋대로 행동하는 것을 말해요.

미 있는 성취를 이루지 못했어요.

그리고 1894년 동학농민운동이 일어납니다. 동학농민운동은 약 7개월간 전국을 뒤흔들었습니다. 오랫동안 누적되었던 문제가 터졌거든요. 조선은 이성계와 정도전이 세운 나라잖아요? 나라를 건국하기 전에 과전법을 통해 토지 개혁을 해서 백성들에게 땅을 나누어 주며 시작한 나라예요. 하지만 이러한 건국 정신은 오래전에 사라졌습니다. 양반 지주들은 농민들에게 땅을 빌려주어서 이득을 누리기에 바빴어요. 땅이

> **과전법**
> 양반들이 세금을 거두던 경작지를 국가가 관리해, 백성들은 세금 부담을 줄이고 나라는 세금을 더 거둬들일 수 있었던 제도예요.

부족했던 농민들은 자기 땅 없이 남의 농지를 빌려 농사를 지을 수밖에 없는 소작농이 되었고 추수 때가 되면 수확량의 절반을 지주에게 바쳐야만 했습니다. 국가에서 파견된 관리들은 이러한 문제를 해결하려고 하지 않았어요. 관리들 또한 백성을 괴롭혔죠. 함부로 백성을 동원해서 일을 시켰고 온갖 부정적인 방법으로 백성의 재산을 빼앗았습니다. 그러면서도 공덕비를 세우는 데 열심이었어요. 백성을 위한 통치는 하지 않으면서 백성을 강제로 동원해서 커다란 비석에다가 훌륭한 관리였다는 문구를 새겨서 마을에 세우는 등 말도 안 되는 일들을 벌였죠. 이런 문제는 조선 중기부터 시작이 되었는데 임진왜란과 병자호란 이후부터 더욱 심각해졌어요. 그리고 세도정치기에 더욱 악화가 되었습니다. 백성들이 평안히 살 수가 없는 너무나 고통스러운 현실이 펼쳐졌던 것입니다.

___ 백산에 모인 동학 농민군의 모습 ___

　동학농민운동은 전라남도 고부에서 시작되었어요. 고부에 파견된 조병갑이라는 관리가 백성을 괴롭혔거든요. 백성들을 협박해서 자신의 공을 자랑하는 비석를 세우게 했고, 만석보같이 불필요한 저수지를 만드는 데 백성을 동원하는 등 온갖 문제를 일으켰습니다. 저수지를 만들었으니 앞으로는 비싼 이용료를 내라고 요구했고요. 항의하는 백성들을 때리고 죽이기까지 했어요.

　결국 전봉준과 동학을 믿는 농민들이 주도하여 반란이 일어났습니다. 고부 관아에 쳐들어가서 물건을 부수고 조병갑을 잡으려고 하는 등 적극적인 항의를 한 것이죠. 그런데 조정에서 강경하게 대응하면서 문제가 커졌어요. 전봉준을 중심으로 전라도 일대의 동학 교도와 농민들이 모이기 시작했어요. 농민들이 대나무를 잘라서 죽

동학농민운동과 전봉준 장군

동학의 지도자였던 전봉준 장군이 체포되어 재판을 받을 때의 사진입니다.

> 동학이란 서양의 종교에 맞서서 동쪽에 있는 우리나라의 도를 일으킨다는 의미입니다. "사람을 섬기기를 하늘을 섬기는 것같이 한다."는 가르침으로 발전해 서민들의 마음을 사로잡았습니다.
>
> 백성들은 전봉준을 '녹두 장군'이라는 별명으로 불렀습니다. 전봉준이 일본군에게 잡혀 처형되었을 때는 백성들은 이를 슬퍼하며 '새야 새야 파랑새야 / 녹두 밭에 앉지 마라 / 녹두 꽃이 떨어지면 / 청포 장수 울고 간다'라는 〈녹두가〉를 지어 불렀어요.

창이라는 무기를 만들고 백산 일대에 모여들었어요. 동학교도와 농민들이 힘을 합쳐 세상을 바꾸자는 민중봉기가 일어난 거예요. 이를 백산 봉기라고 하는데 '일어서 있으면 백산, 앉으면 죽산'이라는 말이 생겼습니다. 조선 민중들은 모두 하얀 옷을 입었잖아요? 수만 명의 농민들이 모여 있으니 그 모양이 하얀 산 같고, 그들이 앉으면 수만 개의 녹색 죽창이 보이니 거대한 대나무 산 같다는 말입니다.

동학농민군은 황룡촌, 황토현 등에서 승전을 올리면서 전라북도의 중심 도시인 전주성을 점령합니다. 전라도 일대의 군대는 물론이고 중앙에서 파견한 군대도 농민군에게 패배했습니다. 전봉준, 김개남 같은 지도자들은 농민군을 끌고 서울로 진격하려고 했어요. 흥선대원군도 농민군을 지지하고 김학진 같은 고위 관료는 전봉준과 연합하여 전라도 일대에서 개혁 정치를 펼치기도 했습니다. 조선 말기 나라는 썩어 문드러져 있었고 백성들이 나서서 세상을 바꾸고자 했던 겁니다.

: 아래로부터의 개혁 동학농민운동 :

하지만 이를 빌미로 청일전쟁이 일어납니다. 동학농민운동이 활발해지자 고종과 명성황후는 청나라에 도움을 구해요. 조선 군대로 해결이 안 되니까 또 외세를 끌어들인 거예요. 문제는 톈진조약이었어요. 청나라 군대가 조선에 들어오자 일본 역시 이를 빌미로 군대를 파견한답니다. 10년간 일본은 **주도면밀**하게 준비했어요. 청나라는 이미 과거와 같은 강국이 아니기 때문에 싸우면 충분히 이길 수 있다고 본 거예요. 그리고 동학농민운동을 빌미로 청일전쟁을 일으킵니다.

> **주도면밀**
> 자세하고 빈틈이 없다는 뜻이에요.

전쟁은 일본의 일방적 승리였습니다. 청나라와 일본은 서해와 한반도에서 싸웠는데 육전이건 해전이건 모조리 일본이 승리를 거두었습니다. 당시 청나라의 최고 정예 부대는 '북양 함대'였어요. 오랫동안 공을 들여 만들어 온 청나라의 핵심 해군 전력이었죠. 하지만 일본 해군의 공격에 완벽히 패배하면서 몰락했습니다.

청일전쟁은 동아시아 역사의 근본적인 변화를 알리는 사건이었어요. 2,000년이 넘게 중국의 황제국은 동아시아의 중심이었잖아요? 황제국 중국과 북방민족 그리고 조선, 일본, 베트남 같은 주변 국가로 이루어졌는데 일본이 중국을 무너뜨렸으니 기존의 동아시아 국제 질서가 무너지고 말았던 거죠. 청일전쟁을 통해 일본은 타이완을 청나라로부터 빼앗아 식민지로 삼았습니다. 일본이 본격적으로 제국주의 국가가 된 것이죠.

일본은 또한 동학농민운동을 진압합니다. 고종은 예상치 못하게 일본군이 한반도에 들어오자 급히 전주화약을 맺습니다. 동학농민군과 화해를 한 거예요. 전라도 일대에 **집강소**를 설치하는 등 농민군이 요구하는 개혁을 추진하겠다고 약속을 했습니다. 하지만 일본은 물러나지 않았어요. 청일전쟁을 통해 청나라를 무너뜨렸을 뿐만 아니라 경복궁을 점령하여 고종과 조선 조정을 손아귀에 넣습니다.

> **집강소**
> 동학 농민군이 설치한 자치적인 개혁 기구를 말해요.

전봉준과 동학농민군은 상황을 주시했어요. 그리고 두 번째 봉기를 일으킵니다. 일본군을 몰아내어 조선을 구하겠다는 생각이었습니다. 얼마 전까지만 하더라도 조선왕조를 상대로 민란을 일으켰는데 이번에는 조선을 구하고자 한 것입니다. 앞뒤가 안 맞는 생각일 수도 있지만 민중이 주도하는 운동이기 때문에 입장이 쉽게 바뀌었다고 보면 좋을 것 같아요. 관리들의 수탈에 못 이겨 반란을 도모했지만 나라가 위기에 처하니 나라를 구해야 한다는 백성들의 순박하고 진솔한 생각이 있었던 거죠.

하지만 공주 우금치전투에서 처참하게 패배하고 말았습니다. 앞서 이야기했듯 농민군의 주력 무기는 죽창이잖아요? 일본은 조선 관군에게 신식 총기를 지급하였고 자신들은 기관총을 비롯하여 성능이 뛰어난 무기로 무장했습니다. 더구나 동학농민운동을 모든 조선인들이 지지한 것 또한 아니었습니다. 외세의 위협이 높아지는 때에 민란이 일어났으니 이를 진압해야 한다는 목소리도 높았거든요.

농민군은 수차례에 걸쳐서 치열하게 싸움을 벌였지만 화력에서 절대적인 열세를 경험할 수밖에 없었고 결국 패배하고 말았답니다. 전봉준, 김개남 등 주요 지도자들은 체포되고 처형되었습니다. 오늘날 많은 역사학자들은 동학농민운동의 의미를 높게 평가해요. '아래로부터의 개혁'이라고 본 거예요. 민중이 스스로 어려움을 타개하고자 과감하게 역사의 전면에 등장했고 다양한 개혁을 요구하면서 사회를 바꾸고자 했기 때문이에요.

> **열세**
> 상대편보다 힘이나 세력이 약한 것을 말해요.

동학농민운동의 양상

: 성과도 한계도 명확했던 갑오개혁 :

동학농민운동을 제압한 일본은 조선에 개혁을 강요했어요. 그리고 김홍집, 김가진 등 일부 뜻있는 관료들은 상황에 순응하면서 개혁을 추진하고자 했습니다. 정치와 군사에 관한 업무를 효율적으로 볼 수 있도록 군국기무처를 설치하고 각종 근대적 개혁을 추진했습니다. 이들은 주로 온건개화파였어요. 신분제와 과거제를 없애고 태양력을 사용하는 등 종합적인 개혁을 진행했어요. 이제 양반도 상놈도 없는 세상이 되었을 뿐더러 과거시험 같은 것도 없어지게 된 것이죠. 음력이 아닌 서양식 달력을 사용하게 되었고요. 비록 일본의 영향력하에 있었지만 적극적인 근대화를 추구했던 것이지요.

하지만 갈등도 한계도 명확했어요. 우선 단발령이 크게 문제가 되었어요. 상투를 자르고 서양식으로 짧은 머리를 해야 한다는 명령에 민중이 크게 반발했거든요. 오랫동안 지켜 온 우리의 문화와 전통을 부정하고 하루아침에 서양식으로 머리 모양을 한다는 것에 대한 거부감이 컸습니다. 머리를 강제로 잘리는 일이 많았고 이를 두고 스스로 목숨을 끊는 등 많은 갈등이 생겼습니다.

개혁도 꾸준히 추진되지 못했습니다. 다양한 개혁 정책을 두고 일본과 갈등이 벌어지기도 했고 일본의 내정 간섭에 저항하던 명성황후가 살해되는 등 충격적인 사건도 일어나요. 일본은 조선을 점령하고 싶었고 조선의 관료들은 근대적인 개혁을 하고 싶었기 때문에 갈등이 심했던 거죠.

하지만 일본은 조선을 포기할 수밖에 없었습니다. 러시아가 간섭을 했거든요. 러시아 역시 조선에 관심이 많았기 때문에 프랑스, 독일을 끌어들여 일본을 비판했어요. 결국 일본은 조선을 점령하지 못했고 청나라의 뒤를 이어 이번에는 러시아와 일본이 조선을 두고 싸움을 벌이게 된답니다. 갑오개혁은 계속 이어지지 못했고 명성황후가 죽은 이후 고종은 러시아 공사관에 망명해서 간신히 조선을 이끌어 갔으니 상황은 모든 면에서 너무나 위태로웠습니다.

독립협회와 애국계몽운동

새로운 지식을
공부하는 일은
왜 필요한 거예요?

: 만일 종이 신문이 없었더라면 :

'정보화 사회'라는 말을 들어 보았죠? 오늘날 우리가 살고 있는 세계를 정보화 사회 혹은 정보화 시대 등으로 표현합니다. 다양한 매체를 통해 엄청난 정보가 전달되거든요. 예전에는 종이 신문이 정보 전달의 중요한 매체였어요. 그러다가 라디오와 텔레비전이 나왔죠. 최근에는 컴퓨터와 스마트폰이 보급되면서 이메일, 포털 사이트, 유튜브 등을 통해 우리나라와 세계에서 일어나는 일들을 실시간으로 접하게 되었어요. 다양한 매체를 통해서 글로 쓴 심층 기사를 읽을 수 있고, 현장을 생생하게 담은 영상이 뉴스로 편집되어 알려지기도 하고, 관련 전문가들이 나와 사건을 해석하고 풀이하면서 여론을 조성합니다. 모두 정보화의 결과랍니다.

정보화가 이루어지지 않은 사회를 상상해 봐요. 신문이 없고 텔레비전도 없고 핸드폰도 없고 기자도 없고 기사도 없고 기껏해야 소문만으로 세상 돌아가는 이야기를 들을 수 있다면 어떤 일이 벌어질까요? 누군가가 정보를 독점해서 세상을 좌지우지할 수도 있고, 정보가 돌지 않기 때문에 그만큼 사회의 변화 속도가 느려질 수 있어요. 따져 보면 정보화 사회가 된 것은 얼마 되지 않은 일이랍니다. 1980년대까지만 하더라도 뉴스를 접할 수 있는 매체는 종이 신문밖에 없었고, 1990년대에 들어서야 비로소 텔레비전이 보급되었으니까요. 스마트폰이 등장한 것도 20년이 안 된 일이니 과거에는 지금보다 훨씬 느리게 세상의 변화를 접했을 거예요. 만약 종이 신문마저 없는 세상이었다면 어땠을까요? 역사를 깊이 있게 이해하기 위해서는 오늘 우리에게 익숙한 것이 없었던 과거를 상상할 필요가 있습니다.

: 민중의 지식 수준을 높인 독립신문 :

1896년에 독립협회라는 단체가 만들어져요. 갑신정변을 이끌었던 급진개화파 중에 서재필이라는 인물이 있었어요. 갑신정변이 실패한 이후 급진개화파는 뿔뿔이 흩어졌지요. 국내에 남아 있던 홍영식 같은 이들은 처형을 당했고 김옥균의 경우 10여 년간 일본에서 망명생활을 하다가 고종이 보낸 자객에 의해 암살을 당했어요. 서재필은 일본을 거쳐 미국으로 갑니다. 미국에서 생활하면서 선진 문물을 배웠고 조선을 위기에서 건져내겠다는 마음을 잃지 않았습

서재필과 독립신문

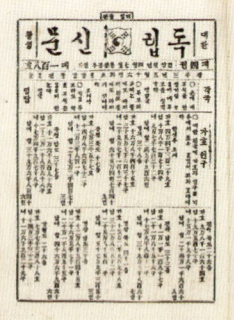
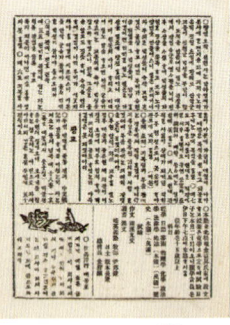

독립신문은 최초의 사설신문이에요. 당시에는 글을 쓸 때 오른쪽에서 왼쪽으로, 세로쓰기를 했어요. 독립신문도 그렇게 만들어졌습니다.

니다. 그리고 기회가 왔어요. 고종은 서재필을 용서했고 서재필은 조선으로 돌아옵니다.

고종의 후원을 받으며 서재필은 독립협회를 창립했어요. 서재필의 주도하에 뜻있는 관료들이 뭉쳤습니다. 여러 위기를 겪었지만 그럼에도 불구하고 다시 노력해서 조선을 일으켜 세우고자 한 거예요.

독립협회는 독립문을 세우고 독립신문을 발행했습니다. 독립문은 영은문을 헐고 세웠어요. 현재도 독립문 앞에는 영은문의 기둥이 남아 있답니다. 영은문은 중국의 사신이 통과하는 문이었어요. 중국에서 사신이 오면 이곳에서 맞이했기 때문에 사대주의의 상징

독립문의 모습

영은문을 부순 후 세운 독립문의 모습이에요.

과 같은 곳이었죠. 한글로 '독립문'이라고 쓰고 서양의 개선문과 비슷한 건물을 세웠다는 것은 자주독립의 기치를 높이 세우겠다는 말이겠죠? 조선은 더 이상 청나라의 속국이 아니며 독립된 자주 국가로 발전하겠다는 말이기도 해요.

> **속국**
> 법적으로는 독립했지만 실제로는 다른 나라에 지배되고 있는 나라를 말해요.

독립신문의 발행은 우리 역사에서 가장 중요한 사건 중 하나예요. 신문이 발행된다는 것은 정보가 일반 민중 사이로 빠르게 전달된다는 것을 의미해요. 신분과 관계 없이 능력과 의견을 가진 이들이 신문을 통해 자신의 생각을 표출할 수도 있고요. 신문에서 다루는 여러 중요한 내용을 두고 토론을 벌이면서 생산적인 결론에 도달할 수도 있고요. 독립신문 이전에도 한성순보 같은 신문이 있었어요. 한성순보는 한문으로 쓰였고 정부에서 무슨 일을 하는지를 소개하는 정보 전달의 성격이 강했죠. 독립신문은 한글로만 쓰였기 때문에 누구나 읽을 수 있었고 뒷면에는 영어로 기사가 요약되어 있어서 외국인들이 읽기에도 편했습니다. 띄어쓰기를 사용해서 읽기에도 편했고 광고란이 있어서 신문을 통한 상품 홍보 같은 것도 이루어졌어요.

독립신문이 발행되면서 일반 민중도 세계가 어떻게 돌아가는지에 관해 알 수 있게 되었어요. 그만큼 민중의 지식 수준도 올라가게 되었고 개화정책, 자주적인 근대화 등등 과거에는 소수의 뜻있는 엘리트 양반들이나 알고 있던 주제가 일반인 사이에 널리 보급이 되기 시작한 거예요. 정말로 중요한 변화라고 할 수 있습니다.

시간이 지나면서 독립협회는 민중이 적극 참여하는, 요즘으로 말하면 시민단체처럼 발전했어요. 윤치호가 이끌었고 나라를 살려보겠다며 다양한 민중이 독립협회로 모여들었죠. 이들은 우리나라 최초의 평화 시위라고 할 수 있는 만민공동회를 종로에서 개최했답니다. 청일전쟁 이후 러시아가 한반도에 개입하기 시작했잖아요? 프랑스와 독일을 끌어들여서 '삼국간섭'을 함으로써 일본을 견제했죠. 러시아 또한 조선에 관심이 많았거든요.

러시아의 경우는 유럽 국가 중에 유일하게 육로로 한반도까지 올 수 있는 나라예요. 우랄산맥을 넘어 시베리아 일대를 모두 자신들의 영토로 만들었거든요(68~69쪽 지도 참고). 중앙아시아를 거쳐 몽골과 중국 북부 그리고 연해주까지 점령했어요. 러시아의 입장에서 한반도는 군침이 도는 땅이랍니다. 한반도를 점령하면 중국을 공략하기에도 유리하고 일본은 물론이고 태평양으로 진출하기에도 좋잖아요? 러시아는 북만주에 하얼빈이라는 도시를 세우면서 동아시아에 진출을 시도합니다. 하얼빈은 청나라 영토인데도 이곳을 빼앗아서 자신들의 거점 도시로 만들었죠. 시베리아 횡단열차를 놓아서 러시아의 수도 모스크바에서 연해주의 중심지인 블라디보스토크까지 한 번에 오갈 수 있는 거대한 철도를 놓았어요. 또한 하얼빈을 중심으로 만주 일대에 철도를 놓는 등 본격적으로 만주를 지배하기 시작합니다. 그리고 한반도에 진출한 거예요. 고문을 파견해서 각종 이권에 개입하는 등 일본과 경쟁을 벌이며 조선을 식민화하기 위해 노력했지요.

독립협회는 만민공동회를 개최하여 러시아의 이권 침탈에 정면으로 맞섭니다. 1만여 명이 넘는 민중이 모여서 평화적으로 시위를 한 거예요. 너무나 질서 정연하게 투쟁을 벌였기 때문에 외국 언론에서 칭찬이 자자했습니다. 독립협회의 치열한 활동 덕분에 러시아는 이권을 포기할 수밖에 없었습니다. 비록 일본과 러시아가 조선을 침탈하기 위해 여러 노력을 벌였지만 독립협회가 치열하게 싸우면서 이들을 상대했고 토론회 등을 꾸준히 개최하면서 사람들의 마음과 생각을 일깨우는 등 열띤 노력을 펼쳤답니다.

: 독립협회와 고종이 꾼 서로 다른 꿈 :

독립협회는 의회 설립 운동을 추진하는 등 다양한 **내정 개혁**을 요구하기도 했어요. 조선이 스스로 개혁하고 강력한 나라로 일어서야 외세의 침탈을 막을 수 있는 거잖아요? '헌의 6조'를 비롯하여 다양한 개혁안을 제안하는 등 고종과

> **내정 개혁**
> 국가 정치를 뜯어 고치는 수준으로 바꾸는 것을 말해요.

조선 조정을 압박하기도 합니다. 하지만 고종은 이에 냉담하게 반응합니다. 적극적으로 개혁할 열정이 없었던 거죠. 나라가 풍전등화 같은 상황이었는데도 외세에 의존하면서 그럭저럭 왕조를 유지할 뿐 과감한 개혁과 도전을 통해 변화를 도모하려는 의지가 너무나 부족했던 거예요. 고종과 독립협회는 갈등을 이어오다 결국 고종이 병력을 동원해서 독립협회를 강제로 해체합니다. 독립협회가 고종을 몰아내고 왕정이 아닌 공화제 국가를 만들려고 한다는 게 이유였습니다.

동학농민운동도 그렇고 독립협회도 그렇고 따져 보면 속상한 구석이 한두 가지가 아니에요. 동학농민운동의 경우 민중의 삶에 대한 구체적인 개혁을 요구한 사건이잖아요? 소작제도를 개선한다든지, 토지개혁을 시도한다든지 구체적으로 민생을 구제할 수 있는 적극적으로 국가적 노력을 요구한 사건이에요. 독립협회의 경우 한층 세련된 시도였죠. 근대적인 시민운동을 통해 평화적이고 합법적으로 개혁을 요구했는데 모두 실패하고 말았어요. 외세의 개입도 있었지만 외세를 끌어들인 것은 고종 본인이었고 민중의 수많은 개혁 요구를 묵살하고 억압한 것 또한 고종과 조선 조정이었습니다. 참으로 한스러운 시절이었다고 할 수 있습니다.

하지만 도전은 멈추지 않았습니다. 독립협회의 활동은 애국계

> **독립협회의 헌의 6조**
>
> 독립협회는 시민과 정부 대신들이 모인 관민 공동회를 열고 헌의 6조라는 목표를 정했어요.
>
> 첫째, 외국인에게 의지하지 않는다.
> 둘째, 외국과 계약을 맺을 때는 각 대신과 중추원(오늘의 입법 기관인 국회)의 장이 모두 도장을 찍은 후 시행한다.
> 셋째, 국가의 재정은 탁지부(오늘의 재정부)에서 관리하고, 예산과 결산 내용을 국민에게 알린다.
> 넷째, 중대 범죄를 재판에 회부하되 피고의 인권을 존중한다.
> 다섯째, 칙임관(고급 관료)을 임명할 때는 황제가 정부의 과반수의 동의를 받아 임명한다.
> 여섯째, 정해진 규정을 실천한다.

몽운동으로 발전했어요. 세상이 하루아침에 바뀌는 것이 아니라는 생각을 하게 된 거예요. 학교를 세워서 인재를 기르고, 회사를 설립해서 자본을 모으는 등 보다 체계적이고 조직적인 노력이 광범위하게 이루어져야 한다고 생각했습니다. 안창호가 평양에 대성학교를 세우고 이승훈이 정주에 오산학교를 세운 것도, 자기회사·태극서관 같은 회사를 설립한 것도 모두 이러한 노력의 일환이었습니다. 그 결과 이들은 많은 인재를 길렀고 이후 조선의 독립운동에서 가장 중요한 역할을 하게 됩니다.

객관적으로 보았을 때 조선은 위기였어요. 나락으로 떨어지고 있었죠. 임오군란으로 인해 청나라의 간섭이 심해지고, 갑신정변이 실패하면서 개혁파 인사들이 쫓겨나거나 죽었습니다. 동학농민운동이 실패하면서 일본의 간섭이 심각해졌고 갑오개혁은 부분적인 성공을 거두었을 뿐 조선을 구해내지 못합니다. 그리고 독립협회의 치열한 노력 또한 성공을 거두지 못했습니다. 그럼에도 불구하고 이들의 치열한 노력은 계속됩니다.

 소수의 엘리트가 뜻을 품고 정변을 일으키거나, 분노한 민중이 죽창을 들고 민란을 일으키는 수준을 넘어서서 신문을 발행하고, 토론회를 개최하고, 학교를 세우고, 인재를 기르고, 조직을 만들고, 돈을 버는 과정을 통해 평범한 민중이 역사 앞에 마주 서게 되는 일이 벌어진 겁니다. 상황이 고통스럽고 절망적이더라도 결코 포기하지 않고 희망을 꿈꾸며 새로운 이야기를 만들어 나간 시대, 아프고 속상하지만 그럼에도 불구하고 앞으로 나아가고 있었던 시대가 조선 말기였습니다.

러일전쟁과 의병항쟁

힘없는 조선의 민중은 왜 목숨을 바치며 나라를 위해 싸웠을까?

: 힘겨루기가 끊이지 않는 국제 관계 :

너무나 속상하게도 우리는 종종 전쟁에 대한 보도를 언론을 통해 접하게 됩니다. 최근에는 러시아와 우크라이나 사이의 충격적인 전쟁 소식이 전해지기도 했죠. 군사 훈련 장면이야 많이 봐 왔지만 정말로 전투기와 탱크가 국경선을 넘으며 건물을 부수고, 수많은 사람이 죽거나 다치고 난민이 되는 장면은 당황스러울 수밖에 없어요.

러시아와 우크라이나의 전쟁을 두고 많은 분석이 뉴스를 채웁니다. 푸틴이라는 러시아 독재자의 침략 야욕과 독일과 프랑스가 이끄는 EU(유럽연합)의 유럽 패권 싸움, 미국이 주도하는 NATO(북대서양조약기구)의 우크라이나 진출 등 다양한 이유가 논의돼요.

이런 것들이 전쟁의 원인이라면 결과는 어떻게 될까요? 러시아가 미국과 세계 패권을 두고 다툴 수도 있고, 프랑스와 독일을 비롯한 EU가 크게 쇠퇴할 수도 있고, 미국의 영향력이 유럽에서 줄어들 수도 있겠

> **NATO**
> 유럽과 북미 지역 30개 회원국이 모인 정치와 군사 동맹이에요.

죠. 그리고 그 결과가 우리가 사는 동아시아에까지 영향을 미칠 수도 있어요. 당장 타이완을 중국의 세력하에 두느냐를 두고 미국과 중국이 으르렁거리고 있잖아요? 러시아와 미국의 갈등이 일본으로 하여금 지나치게 자기 이익만을 주장하게 하는 우경화를 부채질할 수도 있고, 우크라이나 전쟁 때문에 남북관계가 더욱 안 좋아질 수도 있어요. 전쟁이라는 것은 절대로 일어나면 안 되는 끔찍한 일입니다. 하지만 모든 일에 이유가 있듯 전쟁에도 원인이 있습니다. 그리고 전쟁의 결과는 예상치 못한 거대한 사회 변화로 이어질 수도 있답니다.

: 러일전쟁을 통해 새로운 열강이 된 일본 :

1904년 러일전쟁이 일어납니다. 한반도와 만주에 대한 지배권을 두고 러시아와 일본이 전쟁을 벌인 사건이에요. 1894년 청일전쟁 이후 10년 만에 다시금 한반도가 전쟁터가 되었어요. 이번에도 일본은 주도면밀하게 준비했어요. 우선 러시아와 협상하면서 외교적으로 한반도에 대한 지배권을 확보하고자 합니다. 러시아에 만주를 줘 버리고 자신들이 한반도를 가지겠다는 발상이었죠. 하지만 뜻대

로 되지 않았어요. 러시아는 만주뿐 아니라 한반도도 장악하고 싶어했으니까요. 일본은 전쟁을 준비합니다. 청일전쟁 당시 청나라로부터 받은 배상금의 대부분을 전쟁 준비 자금으로 활용했어요. 국가 예산의 절반을 국방비에 투자했고요. 가급적 1905년 이전에 러시아와 전쟁을 벌이고자 했습니다. 왜일까요? 1905년은 시베리아 횡단열차가 완공되는 해였어요.

: 러일전쟁을 둘러싼 힘겨루기 :

시베리아 횡단열차가 놓이면 당시 세계 최강으로 분류되던 러시아 육군이 빠른 속도로 한반도까지 올 수 있잖아요? 당시 일본은 근대화에 성공한 나라이긴 했지만 서양 열강에 비해 한참 뒤떨어지는 나라였습니다. 동아시아의 작은 근대국가였던 셈이죠. 러시아는 물론이고 영국, 프랑스, 독일, 미국 등은 일본을 우습게 보았습니다. 러시아와 일본의 경쟁이 격화될 때도 당연히 러시아가 유리하고 일본은 상대가 되지 않는다고 생각했거든요.

막상 전쟁이 시작되자 예상과는 전혀 다르게 일본이 승리해요. 일본 해군은 서해로 들어가서 뤼순과 다롄에 정박해 있던 러시아 함대를 물리칩니다. 같은 시기 일본 육군은 평양에서 러시아 군대를 크게 물리치고 신의주를 거쳐 남만주에 진입해요. 해군이 랴오둥반도를 점령한 후 남만주의 중심지인 센양에서 일본 군대와 러시아 군대는 치열한 격전을 벌입니다.

사상자가 엄청났어요. 양측 사상자가 10만 명에 달할 정도였습

러일전쟁을 둘러싼 힘겨루기

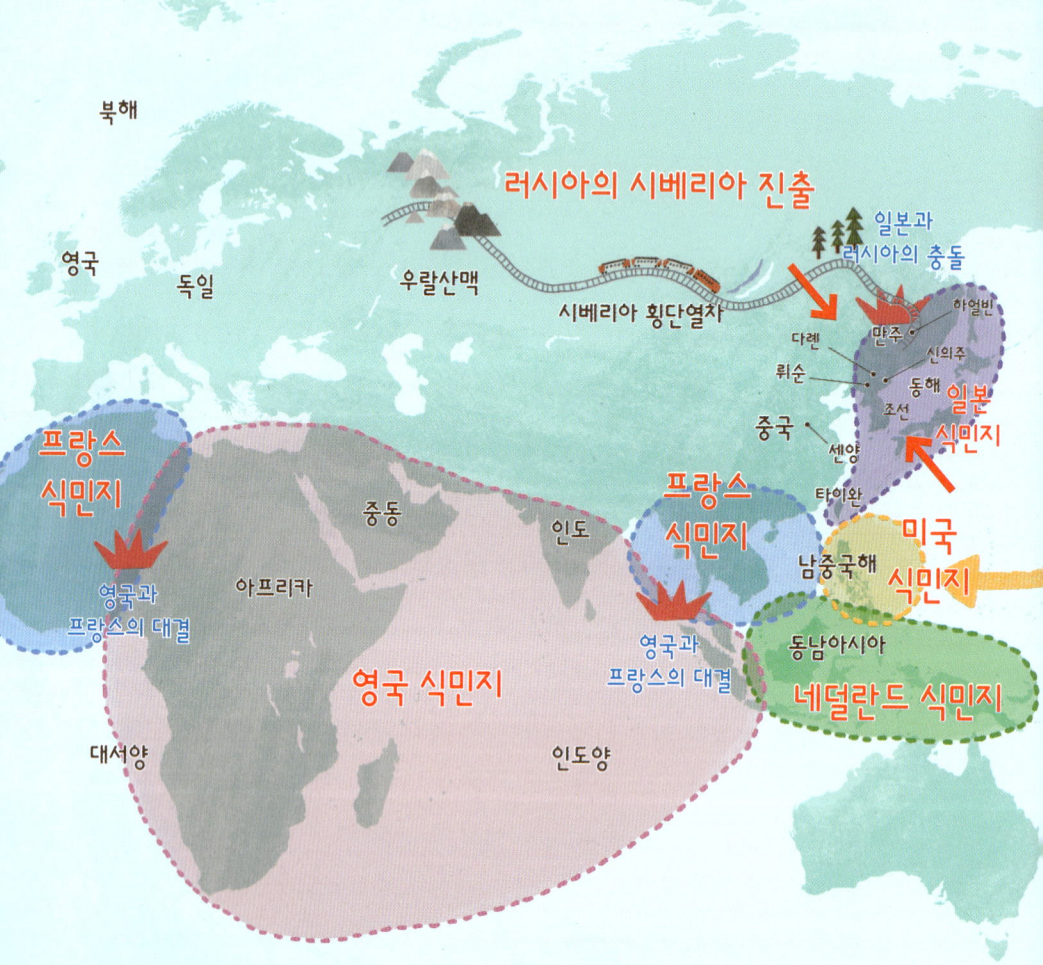

니다. 이때까지만 하더라도 무기는 소총, 대포, 기관총 정도였거든요. 탱크, 비행기 같은 신무기는 제1차세계대전 때 등장해요. 양측 군인들끼리 전투를 벌이면서 10만에 달하는 사상자가 났다는 것은 정말 어마어마한 전쟁이었다는 뜻입니다. 많은 역사학자들이 러일전쟁을 세계대전의 축소판이라고 부르는 이유도 이 때문입니다.

절대적으로 열세라고 평가를 받았지만 남만주에서 일본군은 기적적으로 러시아를 상대로 승리를 거둡니다. 러시아는 당시 영국과 비견되는 세계 최고의 해군인 발틱함대를 북해에서 급파해요. 발틱함대는 북해에서 출발해서 대서양, 인도양, 남중국해를 가로질러 5개월간 하루도 쉬지 못하고 동해에 진입했지만 일본 해군에 패배하게 됩니다.

> **급파**
> 급히 보낸다는 뜻이에요.

10년 전에 벌어진 청일전쟁이 중국 중심의 동아시아 질서를 무너뜨린 사건이라면 러일전쟁은 세계사의 변화를 알린 중요한 사건이라고 할 수 있어요. 일본이라는 새로운 열강이 등장하게 되고, 제국주의 국가 간에 대규모 전쟁을 벌일 수도 있다는 사실이 확인되었으니까요. 이후 일본은 전쟁 국가로 발전해요. 청일전쟁과 러일전쟁을 통해 타이완과 조선을 식민화했고 만주에 대한 영향력을 확보했으니까요. 1930년대가 되면 중국, 동남아시아 그리고 태평양 일대에서 전쟁을 벌이기도 합니다. 전쟁의 규모도 나날이 커져요. 1904년 러일전쟁, 1914년 제1차세계대전, 1937년 중일전쟁, 1939년 제2차세계대전, 1941년 태평양전쟁까지 수백만 명이 희생되며 전 지구가 전쟁의 수렁텅이에 빠져버리고 맙니다.

무엇보다 러일전쟁에서 일본이 승리했다는 것은 조선이 역사 속에서 사라지는 것을 의미합니다. 일본은 강제로 조선과 동맹국이 되었고 일본 군대의 활동을 위해 마음껏 조선의 토지를 빼앗을 수 있는 권리를 확보해요. 러일전쟁이 시작되자마자 그렇게 빼앗은 땅에 철도를 부설했어요. 이즈음 독도도 일본에게 빼앗깁니다. 원래 일본은 울릉도에 관심이 많았어요. 울릉도에서 나는 나무의 질이 좋고 인근 바다에 해산물이 풍부했거든요. 울릉도와 독도가 동해의 한가운데 위치하기 때문에 군사적으로도 중요한 지역이었죠. 울릉도의 경우 조선 사람들이 많이 사는 섬이기 때문에 일본은 울릉도 인근의 독도를 빼앗아요.

: 나라가 어려울 때면 어김없이 일어난 의병운동 :

러일전쟁에서 일본이 러시아에 승리를 거두자 영국과 미국은 일본과 동맹을 맺는 등 지지를 보냅니다. 일본이 러시아의 팽창을 막았기 때문이에요. 영국은 해양 제국이잖아요? 강력한 해군을 바탕으로 세계를 지배했는데 러시아가 육로로 중앙아시아부터 한반도까지 곳곳에 진출하면서 힘을 기르니까 여간 성가신 게 아니었거든요. 그런데 일본이 러시아와 싸워 이기고 한반도와 태평양 진출을 막아 버리니까 얼마나 좋았겠어요.

  미국도 비슷했어요. 미국은 이때까지만 하더라도 신생국가였고 군사력이 약했습니다. 만약 러시아가 한반도를 식민화하고 태평양으로 진출하면 곧장 미국과 만날 수밖에 없잖아요? 남이 잘못되어야 내가 잘되는 세상이었기 때문에 영국과 미국은 일본의 등장을 매우 반겼습니다. 조선의 식민화는 안중에 없었죠. 영국의 경우 인도를 비롯하여 아프리카, 중동, 동남아시아에 광대한 식민지를 가지고 있었고 미국 역시 이 시기 필리핀을 식민화했으니 그깟 조선쯤이야 정도로 생각했던 거죠. 1905년 일본은 조선의 외교권을 강제로 빼앗는 을사조약을 맺으며 조선의 외교권을 박탈합니다. 이후 이토 히로부미를 중심으로 수많은 일본인 관료들이 조선으로 건너와요. 군대와 경찰을 해산하고 일본인들이 직접 국가를 운영합니다. 조선의 뜻 있는 사람들은 의병을 규합하고 무력 저항을 시도합니다.

의병 전통은 임진왜란 때부터 시작된 오래된 전통이에요. 나라가 위기에 처하면 자신의 재산을 털어 나라를 지킨다는 자세인데 조선 말기 또다시 의병이 일어납니다. 명성황후가 시해를 당하자 을미의병이 일어나서 일본과 맞싸웁니다. 을사조약 당시에도 을사의병이 일어났어요. 민종식과 안병찬 등은 홍주성에서, 최익현과 임병찬 등은 태인에서 의병을 일으킵니다. 최익현은 패배 후에 쓰시마섬에 끌려가서 순절했어요. 왜놈이 주는 것은 물 한 모금, 쌀 한 톨도 먹지 않겠다며 버티다 죽은 것이죠. 이때 평민의병장 신돌석의 활약이 대단했어요. 경상도와 강원도 일대에서 유격전을 펼치면서 일본군을 괴롭혔습니다.

> **시해**
> 부모나 임금을 죽이는 일을 말해요.

> **순절**
> 충직한 마음을 지키기 위해 죽는 것을 말해요.

사실 의병항쟁은 주로 충청도, 경상도, 전라도 같은 남도 지역에

전국에서 일어난 의병운동

서 활발했던 운동이에요. 앞서 이야기했던 애국계몽운동은 평안도를 중심으로 북쪽에서 활발했어요. 입장의 차이가 컸어요. 의병항쟁을 주도하는 사람들은 양반들이 많았어요. 조선왕조의 기득권 세력이었던 거죠. 성리학을 중요시여겼고 전통 문화를 지키고자 했죠. 이에 반해 평안도를 비롯한 북쪽 사람들은 상대적으로 조선왕조에 대한 충성심이 낮았습니다. 양반이 많지 않았고 상인들이 많았죠. 기독교를 받아들이는 데 적극적이었고 직접 투쟁보다는 학교와 병원, 교회와 회사를 세우며 인재를 기르는 데 집중했어요.

이 두 세력은 초기에는 사이가 매우 나빴어요. "지금 나라가 위급한 상황에 처했는데 학교고 회사가 뭐가 중요한가! 더구나 근대교육? 근대화를 시도하다가 나라가 이 모양이 된 것 아니냐?" 의병항쟁을 주도했던 이들은 이렇게 애국계몽운동을 비판했고 심지어 공격하기까지 했습니다. 애국계몽운동을 하던 사람들 또한 마찬가지였습니다. 애국계몽운동을 하던 사람들은 독립협회를 계승했기 때문에 신문을 많이 운영했어요. 황성신문, 대한매일신문, 제국신문 등 활발한 언론 활동을 펼쳤습니다. 이들은 의병항쟁을 노골적으로 비판했어요. "현실적으로 싸워서 이길 수 있는 상대가 아니다, 분노하기보다는 냉정하게 상황에 대처해야 한다!"는 입장이었습니다.

둘의 주장이 모두 일리가 있어요. 현실적으로 싸워서 이길 수 있는 상대가 아니었지만 그렇다고 나라가 망하는데 안 싸울 수도 없는 일이잖아요? 냉정하게 상황을 바라보며 미래를 준비해야 하는 것도 맞긴 하지만 당장의 문제를 외면할 수도 없는 노릇이고요. 어떻게 해야 망해가는 조선을 살릴 수 있을까를 두고 두 진영은 치열하게 고민했고 격렬한 논쟁을 벌이면서 활동했습니다.

초기 의병 항쟁은 한계가 많았어요. 양반들이 항쟁을 주도하면서 문제를 많이 일으켰거든요. 평민들을 노골적으로 무시한다든지, 평민이 옳은 주장을 하더라도 양반의 주장을 받아들였고 심지어 양반과 평민이 싸우면 평민을 죽이기까지 했으니까요.

　하지만 신돌석이 등장하면서 의병 항쟁은 성격이 바뀌게 됩니다. 다양한 신분과 계층의 사람들이 참여하면서 투쟁의 성격이 바뀌어가요. 특히 1907년 군대가 해산하면서 대한제국의 군인들 상당수가 의병항쟁에 참여했던 게 결정적이었어요. 일본이 강제로 군대를 해산하자 시위대 대대장이었던 박승환이 격분하면서 자결을 합니다. 이에 호응한 수많은 대한제국 군인들이 서울 시내에서 일본군과 시가전을 벌여요. 이들은 비록 패배했지만 지방으로 내려가서 의병항쟁의 주요 세력이 됩니다. 점차 신분제를 벗어나서 나라를 살려 보겠다는 정신이 중요해졌던 것이죠.

> **시가전**
> 도시의 큰 거리에서 벌이는 전투를 말해요.

: 모진 시련 속에서도 의병에서 독립군이 되다 :

하지만 일본군의 진압은 가혹하기 짝이 없었습니다. 의병항쟁은 수차례 실패로 돌아갔어요. 가장 비극적인 사건은 1909년 호남의병전이에요. 끝까지 강력한 힘을 발휘하면서 일본과 싸웠던 지역이 전라도였거든요. 당시 다른 지역에 비해 교통이 좋지 않았기 때문에 의병들이 일본군과 싸우기에 유리한 측면도 있었고요. 하지만 1910년 조선강제병합을 앞두고 일본군은 대대적인 소통작전에 들어가게 됩니다. 중과부적. 애초에 힘의 차이가 너무 컸어요. 수많은 의병장이 잡혀서 모욕과 고문을 당한 후 형장의 이슬로 사라졌습니다. 의병장의 옷을 풀어헤치고 머리를 헝클어뜨린 채 사진을 찍어 전국에 배포했어요. 의병을 처형하는 장면을 사진으로 찍어서 민중에게 보여주기도 했죠. 이런 식으로 조선 민중의 저항 의지를 꺾으려고 했던 거예요. 그리고 1910년 조선은 일본의 식민지로 강제 병합되고 맙니다.

> **중과부적**
> 적은 무리로 많은 무리와 상대할 수 없다는 뜻이에요.

그렇다고 끝이었을까요? 그렇지 않습니다. 이제 의병은 독립군이 됩니다. 압록강과 두만강을 넘어 간도와 연해주 일대에 독립군 기지를 세우며 새로운 투쟁의 근거지를 만들었어요. 함경도 갑산 지역의 명포수 홍범도, 충청남도 홍성의 애국계몽운동가 김좌진 등 수많은 사람들이 가슴에 원대한 꿈을 품고 새로운 땅에서 무기를 들었습니다. 최악의 시대, 절망의 순간에도 이들은 조선의 독립이라는 가공할 희망을 품으며 다시금 일어섰던 것입니다.

> **가공하다**
> 두려워하거나 놀라워할 만하다는 뜻이에요.

신민회와 안창호

왜 어른들은 가슴 속에 꿈을 품으라고 말하는 거예요?

: 독립운동가들이 품은 꿈 :

여러분에겐 꿈이 있나요? 어떤 꿈을 품고 있나요? 꿈은 변하게 마련이고 사실 막연하기도 합니다. 예전에는 과학자나 대통령처럼 멋진 직업을 장래희망으로 꼽는 어린이들이 많았지만, 최근에는 유튜버나 공무원같이 돈을 많이 벌거나 안정적인 직장을 갖는 것을 꿈으로 여기기도 해요. 하지만 돈을 많이 번다거나 단순히 안정적이기만 한 직업을 갖는 것을 '꿈'이라고 말할 수는 없을 것 같아요. 그것은 생계를 위한 수단에 불과하니까요. 사람은 먹고사는 존재이기 때문에 당연히 돈이나 좋은 직업을 갖는 일도 필요합니다. 하지만 꿈은 직업만을 말하는 것이 아니에요. 꿈은 직업 이상이죠. 희망과 비전 등 눈에는 보이지 않지만 사람이라면 누구나 느끼는 가치가 있어야 그것을 꿈이라고 부르니까요.

  역사를 공부하다 보면 위대한 사람들을 많이 만나게 돼요. 역경을 헤쳐 나가는 위인들의 삶을 보다 보면 '어떻게 저런 삶을 살 수 있을까? 나라면 해내지 못할 거야….'와 같은 부정적인 생각을 할 수도 있어요. 하지만 처음부터 위대한 사람은 없어요. 다만 꿈을 가진 사람과 꿈을 가지지 못한 사람이 있을 뿐이에요. 꿈이 있기 때문에 더욱 담대한 도전을 하고, 고상하고 아름다운 업적을 이루기 위해 잘못된 선택을 피하고, 때로는 눈앞의 작은 이익을 포기를 하면서 꿈의 가치를 지켜 나가는 사람. 이런 사람들이 결국은 위대한 사람이 되는 것 같아요. 그렇다면 꿈과 직업의 결정적인 차이, 희망과 비전 같은 것은 무엇이라고 할 수 있을까요? 희망이나 비전은 단순하게 정의 내릴 수 있는 가치는 아닌 듯해요. 다만 우리보다 앞서 살아간 훌륭하고 멋진 인물들의 삶을 보면서 느끼고 배울 수 있는 것이지요. 일제강점기를 헤쳐 나간 독립운동가들의 삶을 보며 꿈의 무게를 느껴 보았으면 합니다.

: 민주공화국을 꿈꾼 안창호 :

조선이 망하기 3년 전인 1907년 신민회라는 단체가 만들어집니다. 나라를 살려 보겠다고 마음 먹은 이들을 모아 안창호가 주도해 만든 비밀결사입니다. 신민회는 '공화주의'를 표방한 우리 역사 최초의 단체예요. 공화주의는 쉽게 말해 오늘 우리가 살고 있는 민주주의 국가를 말해요. 조선은 왕조사회잖아요? 이씨 성을 가진 국왕이 있고 양반과 상놈 같은 신분제가 있고요. 국왕도 그렇고 양반도 그렇고 이들 신분을 결정하는 것은 혈통이었어요. 태어나는 순간부터 왕이 되고 양반이 되는 세상인 거죠.

공화주의는 이와는 전혀 다른 생각이에요. 민중 스스로 대표를 선출하고 민중이 원하는 방식으로 나라를 운영하고자 하는 제도였습니다. 개신교 선교사들 특히 미국 선교사들의 선교 활동이 주로 서울과 평양 그리고 평안도 일대에서 성공을 거둬요. 기독교 신앙을 전파하는 선교사들의 입장에서야 기독교 교리가 중요하겠지만 기독교를 받아들이는 사람들의 입장에서는 그 이상의 것이 보이잖아요? 개신교 선교사들은 남녀가 평등하고, 여성들도 직업을 가지고 있었던 것이 당시 사람들에게는 큰 충격이었어요. 미국 선교사들이 많았으니 자연스럽게 영어를 배우게 되고 미국이라는 나라에 대해 궁금하게 여겼죠.

> **선출**
> 여럿 가운데서 골라 내는 일을 말해요.

그런데 미국에는 왕이 없고 국민이 투표해서 대통령과 의원을 선출한다고 하니 조선의 국가 운영 방식과 상반된 형태로 나라를 운영하는 거잖아요. 미국 선교사들이 조선에 들어와서 헌신적으로 의료 활동을 펼쳤고 특히 콜레라 같은 전염병 예방에서 혁혁한 공을 세웠거든요. 미국에 대한 이미지가 좋아질 수밖에 없었죠. 더구나 미국은 유럽의 열강처럼 노골적으로 식민지를 침탈하지 않았기 때문에 조선 사람들에게 유럽 열강과는 다른 나라라고 여겨졌습니다. 그러다 보니 미국의 정치 제도에 대한 관심이 높아졌고 미국식 민주주의가 대안이라고 생각된 거죠.

'대안은 공화주의이다. 우리도 미국과 같은 민주공화국을 만들자. 조선을 개혁한다고 해도 민주공화국으로 만들어야 하고 어차피 조선이 멸망한다면 그때에도 국민이 중심이 된 민주공화국으로 나아가야만 한다.' 이런 생각을 많은 사람들이 하게 된 것입니다.

그리고 그 중심에는 안창호가 있었어요. 안창호는 오늘날 한국을 대표하는 독립운동가입니다. '도산'이라는 호가 유명해요. 그런데 왜 안창호가 유명할까요? 독립운동의 대표자 역할을 하거나 큰 업적을 이룬 유명한 독립운동가들의 경우 특징이 있어요. 임시정부의 초대 대통령 이승만, 임시정부의 주석 김구, 이토 히로부미를 척살한 안중근, 홍커우 공원 의거를 일으킨 윤봉길 등 모두 업적이 분명해요. 그런데 '안창호' 하면 '도산 안창호'라는 이름 말고 딱히 떠오르는 게 없어요. 안창호는 대표자 역할을 하거나 직접 투쟁으로 큰 업적을 이룬 사람은 아니에요. 하지만 안창호는 정말 창의적이면서도 헌신적인 인물이에요. 앞으로 나아갈 새로운 방향을 제시하며 사람들에게 희망을 주었고 창의적인 독립운동을 이어갔습니다. 또한 개인적인 이득을 구하기보다는 모두에게 유익이 되는 방법을 찾아내면서 분쟁과 갈등을 조정했던 인물로도 유명합니다.

> **척살**
> 칼 따위로 사람을 찔러 죽이는 것을 말해요.

안창호는 평안도 출신이었고 평민입니다. 기독교를 통해 신문물을 접했고 독립협회 활동에 참여하면서 세상에 나왔습니다. 20대 초반 그는 미국 유학을 결심해요. 경제적 형편이 어려웠기 때문에 우선 하와이에 가서 노동하면서 돈을 벌었어요. 그런데 그곳에서 그는 한인 이민자들의 현실에 큰 충격을 받습니다. 대부분 하와이 사탕수수 농장에서 일했는데 고된 노동 시간에 비해 아주 적은 임금을 받았어요. 인종차별도 심각했는데 한인들끼리도 사이가 안 좋았어요. 제대로 된 교육을 받지도 못했고 생활 습관도 불결했기 때문에 미국인들이 더럽다고 멀리하기도 했고요.

: 낮은 곳에서 겸손하게 큰 꿈을 이루다 :

고민 끝에 안창호는 유학을 포기하고 하와이에 정착합니다. 조선인 이민자들을 교육시키고, 분쟁을 조정하면서 한인사회의 안정과 발전을 꾀한 거예요. 애초에도 독립운동을 위해서 유학을 시도한 것이었는데 안창호는 미주 지역의 조선 민중을 위해 이를 포기한 겁니다. 안창호의 헌신적인 노력 덕분에 하와이 한인 사회는 발전해 나가요. 교육 수준도 높아지고, 한인 간의 분쟁도 많이 줄어들었어요. 그렇게 안창호는 한인 사회의 지도자로 성장합니다. 안창호의 헌신적인 노력을 한인들이 인정한 거예요. 많은 사람들이 안창호를 존경하고 따르게 된 것이죠.

덕분에 안창호는 보다 활발한 활동을 하게 됩니다. 샌프란시스코에 건너가서 미주 지역을 아우르는 한인 단체를 조직할 수 있었고 덕분에 미주 지역을 기반으로 독립운동을 할 수 있었습니다. 개인적인 꿈을 포기하고 한인 공동체를 위해 헌신한 덕분에 오히려 더욱 큰 활동을 할 수 있는 기회를 얻게 된 것이지요. 안창호의 주도하에 만들어진 단체는 '대한인국민회'입니다. 미주 지역을 기반

미국 하와이 오렌지 농장에서 일하는 안창호의 모습

안창호는 미국 샌프란시스코에서 활발하게 한인 단체를 조직해 미주 지역 기반의 독립운동을 진행했어요. 그는 함께 일하는 교포들에게 "오렌지 한 개를 따도 정성껏 따는 것이 나라를 위한 길이니 남의 일이라는 생각을 하지 말고 정성을 기울여 일하자."고 격려했다고 해요.

으로 만들어진 한인 연합회인데 독립운동사에 정말 중요한 역할을 했어요.

    대한인국민회는 미국을 기반으로 하기 때문에 활동이 상대적으로 자유로웠어요. 더구나 한인 이민자들은 미국식 민주주의를 좋게 여겼기 때문에 당시 조선왕조를 비판하면서 공화주의 같은 진보적인 주장에 빠져들었답니다. 그리고 한인 이민자들이 자발적으로 내는 기부금은 독립자금으로 중요한 역할을 했고요. 이러한 도움에 힘입어 안창호는 국내의 독립운동가들과 연락하여 신민회를 만듭니다.

신민회는 윤치호, 장지연, 신채호, 박은식, 이동휘, 이승훈, 이동녕, 이회영 등 800여 명의 인물이 참여한 단체입니다. 윤치호는 독립협회를 이끌었던 인물이에요. 나중에는 친일파로 변절하지만 당시에는 정말 중요한 역할을 했던 개화파 인사였습니다. 장지연은 을사조약을 비판한 '시일야방성대곡'을 쓴 저명한 언론인입니다. 그는 언론활동을 통해 일본 제국주의를 통렬하게 비판했어요. 신채호는 민족주의 역사학자이자 저명한 언론인이었어요. 그는《조선상고사》라는 책을 써서 한국 역사학의 발전에 이바지했습니다. 그리고《이순신전》,《을지문덕전》등 위인전을 쓰면서 민족 자긍심을 높이고자 노력했고요. 박은식 역시 역사가였습니다.《한국통사》라는 책을 써서 조선 말기부터 일제강점기에 관한 중요한 기록을 남겼어요. 또한 대한민국임시정부 2대 대통령을 역임하기도 했습니다. 이동휘는 만주와 연해주 일대를 호령하던 저명한 독립운동가예요. 임시정부 국무총리이기도 했고 한인사회당이라는 최초의 한인 공산주의 정당을 만든 인물이기도 합니다. 이동녕은 김구와 함께 평생을 임시정부에 헌신한 인물이에요. 독립협회 활동을 시작으로 모든 구국운동에 참여하였고 임시정부 초대 의정원 의장을 비롯하여 임

> **변절**
> 절개나 지조를 지키지 않고 바꾸는 것을 말해요.

> **역임**
> 여러 직위를 두루 거치는 것을 말해요.

― 대한민국 임시정부 국무원 기념 사진 ―

앞줄 왼쪽부터 신익희, 안창호, 현순, 뒤줄 왼쪽부터 김철, 윤현진, 최창식, 이춘숙으로 1919년 10월 11일 촬영한 사진이에요.

시정부의 주요 요직을 두루 거쳤어요. 의정원 의장은 오늘날로 말하면 국회의장이라고 보면 됩니다. 이회영은 명문가 출신이었는데 양반으로는 보기 드문 독립운동가였습니다. 그는 엄청난 재산을 소유하고 있었는데 전 재산을 모아서 서간도로 망명했어요. 그곳에서 신흥무관학교를 세워 만주무장투쟁의 기초를 다집니다. 당시 일제는 '독립운동은 평민들이나 하는 짓'이라고 폄하했어요. 실제로 대부분의 양반들은 일제에 타협했고 친일파로 변질하고 말았으니까요. 하지만 이회영은 달랐죠. 오늘날

변질
성질이나 물질의 질이 변하는 것을 말해요.

수천억에 달하는 재산을 모두 팔아서 망명을 한 후 독립운동에 매진했어요. 독립운동을 폄하하던 일제 입장에서는 무안할 수밖에 없었겠죠?

이렇듯 나라를 살려 보겠다는 꿈을 가진 사람들이 모여서 조선왕조가 멸망하기 3년 전에 이미 대안적인 사회를 꿈꾸며 신민회라는 단체를 만들게 됩니다. 이러한 열정은 이후 만주무장투쟁과 대한민국임시정부의 토대가 되어요. 1910년 조선이 멸망을 하니까 대부분 중국으로 근거지를 옮겨요. 만주와 연해주에는 독립군 무장부대가 만들어지고 1919년 3·1운동의 열기 가운데 상하이에 임시정부까지 만들어지죠. 이때 가장 중요한 역할을 했던 인물들이 신민회 회원들이었습니다. 절망의 상황을 뛰어넘는 희망과 비전을 가졌기 때문에 가능한 일이었던 셈입니다.

> **도산 안창호의 당부**
>
> 서울 강남에 있는 도산공원에는 안창호 어록비가 있어요. 이 어록비에는 다음과 같은 당부가 적혀 있습니다.
>
> "그대는 나라를 사랑하는가. 그러면 먼저 그대가 건전한 인격이 되어라. 우리 중에 인물이 없는 것은 인물이 되려고 마음먹고 힘쓰는 사람이 없는 까닭이다. 인물이 없다고 한탄하는 그 사람 자신이 왜 인물이 될 공부를 아니하는가."

안창호는 이후에도 계속 뛰어난 능력을 발휘합니다. 임시정부를 세우는 데 가장 중요한 역할을 했고요. 1920년대에는 독립운동 진영이 민족주의와 사회주의로 나뉘어져서 대립을 하거든요. 이때도 화해와 타협을 주도하며 연대투쟁을 이끕니다. 흥미로운 점은 안창호는 대표가 된 적이 없다는 점이에요. 신민회에서도 부회장이었고 본인이 만들다시피 한 임시정부에서는 초대 노동부 장관에 취임하고 말아요. 일을 주도하되 더욱 많은 사람들이 함께하도록 스스로 겸손하게 행동했고 항상 낮은 자리를 선호했던 것입니다. 오늘 우리가 보더라도 너무나 멋진 모습이지 않나요?

헤이그 특사와 안중근

의미 있는
실패란 것이
무슨 말이지요?

: 조선 독립운동의 요충지 하얼빈 :

오늘 우리나라 사람들은 대부분 도시에서 살아요. 지방에 살더라도 중소도시에서 사는 경우가 많고, 최근에는 워낙 건축기술이 발달하고 도로 교통이 좋아서 시골에 살더라도 도시에서 사는 것과 크게 다르지 않은 것 같아요. 인류의 역사가 발전할수록 도시 또한 함께 발전해 왔어요. 인류의 역사가 도시의 역사라고 해도 무방할 정도로 사람들은 도시에 모여 살고, 도시에서 중요한 결정을 내리고, 국가 지도자 같은 중요한 인물들은 대부분 도시에 거주하죠.

그런데 어떤 곳에 도시가 만들어질까요? 무엇보다 지리적인 이유가 결정적이에요. '요충지'라는 말을 하잖아요? 근처에 강이 있어서 식수를 구하기 용이하거나, 근처에 적절하게 평야와 산지가 있어서 거주하기도 좋고 방어에도 유리하고 그런 곳이죠. 특화된 도시들도 많아요. 좋은 항구를 가지고 있는 해안 도시라거나, 군대가 머물며 진격하기에 좋은 지역 같은 곳들이요.

중국 북만주에 있는 하얼빈이라는 도시는 어떻게 탄생했을까요? 하얼빈의 경우 과거 고구려나 발해가 활동하던 지역이기도 하고 여진족을 비롯한 만주의 여러 부족들이 거주하던 곳이기도 합니다. 하지만 만주를 이야기할 때 보통 남만주 지역을 이야기해요. 지도로 보면 북만주 지역이 매우 넓지만 사람이 거주하기에 좋은 땅이 아니거든요. 시베리아, 북만주, 연해주 등 이 광대한 지역은 너무 추워서 농사는커녕 유목 생활도 쉽지 않았기 때문에 오랜 기간 소수의 원주민들만 살던 지역이에요. 고구려, 발해, 금나라, 청나라 그리고 러시아 등 여러 세력이 활약을 했더라도 그들의 넓은 영토의 주변부에 불과했죠. 같은 만주 지역에서도 남만주 지역은 달라요. 한반도는 물론이고 중국과도 가까워요. 평양부터 톈진, 베이징은 물론이고 뤼순, 다롄이 있는 랴오둥 반도 그리고 몽골 쪽으로 나아가기에도 쉽습니다. 셴양, 창춘 같은 도시가 대표적인데 과거에도 교통의 요지였습니다.

이에 반해 하얼빈은 한참 북쪽이에요. 이곳에 도시가 들어선 이유는 러시아 때문입니다. 러시아가 중국에 진출하기 위해 개척한 도시거든요. 청나라 영토이긴 했지만 강력한 군사력을 바탕으로 하얼빈을 조차합니다. 만주를 관통하는 여러 철도를 건설하고 하얼빈에 러시아 풍

> **조차**
> 특별히 합의해서 한 나라가 다른 나라의 영토를 일정 기간 통치하는 일을 말해요.

하얼빈은 어디일까요?

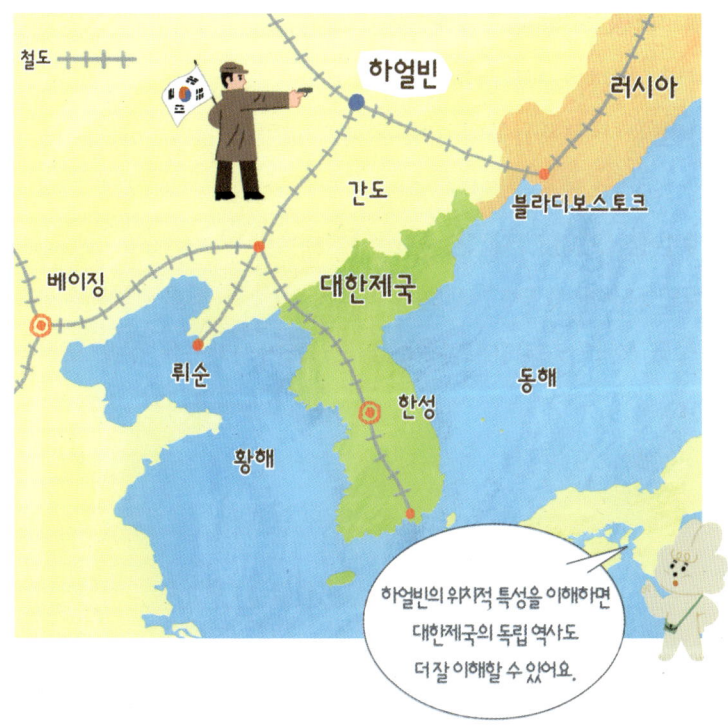

의 도시를 건설해서 러시아가 만주와 중국 그리고 한반도에 진출할 수 있는 근거지를 만들었던 거예요. 과거와는 다르게 산업혁명 이후 다양한 산업 기술이 발달해 있었기 때문에 하얼빈은 빠른 속도로 성장합니다. 지금도 가 보면 러시아의 영향이 크다는 것을 느낄 수 있어요. 건물들이 대부분 러시아풍으로 지어져 있고 러시아 정교회 성당이 세워져 있기도 합니다. 즉, 하얼빈은 러시아의 남하와 아시아 진출을 위한 전초기지로 세워진 계획도시로 보면 좋을 것 같아요.

그러다 보니 조선 말기부터 일제강점기에는 러시아의 영향력이 매우 강력했던 곳이에요. 러시아 사람들도 많이 살고, 러시아의 관료나 정치인들이 이곳에 많이 있었죠. 자연스럽게 중국이나 일본의 정치인, 기업인들 또한 이곳에 몰려들었답니다. 정치적인 문제를 두고 협상을 벌이기도 하고 사업을 벌여 경제적으로 성공하기 위해서라도 많이 모였죠. 지구상에는 수많은 도시들이 있습니다. 각자 이유를 가지고 번성하고 쇠퇴하기를 거듭해요. 도시를 이해한다는 것은 역사를 이해한다는 말이기도 합니다.

> **남하와 전초기지**
> 남하는 남쪽으로 진출한다는 뜻이고, 전초기지란 남의 나라를 공격하기에 유리한 지역에 설치한 군사 기지를 뜻해요.

: 고종이 조선의 위기를 알리기 위해 헤이그로 보낸 사람들 :

고종은 이준, 이상설, 이위종 등을 헤이그 특사로 파견합니다. 외교권 박탈에 저항하며 조선의 주권을 지키기 위해 기울인 사실상 마지막 노력이었습니다. 고종은 이준과 미국 선교사 헐버트에게 각각 특명을 내립니다. 헐버트는 참으로 고마운 사람이에요. 미국인으로 조선에 기독교를 전파하고자 왔는데 조선인들이 처한 위기를 보고 발 벗고 나선 인물이거든요. 한글의 우수성을 널리 알리기도 했고, 띄어쓰기 사용을 비롯하여 한글의 효과적인 사용을 위해 여러 아이디어를 내기도 했습니다. 심지어 헐버트는 조선의 역사를 정리하여 책으로 출간까지 했어요. 유능한 인물이었죠.

고종은 헐버트에게 도움을 요청합니다. 네덜란드 헤이그에서 만국평화회의가 열리니까 이때 가서 조선의 독립을 위해 활동해 달라는 부탁을 합니다. 헐버트는 고민이 많았어요. 본격적으로 조선을 위해 정치 활동을 해 달라는 말이었으니까요. 선교를 하러 조선에 왔던 미국인이 이제는 조선을 위해 활동해야 했던 거예요. 고민 끝에 헐버트는 이 요구를 받아들여요. 만국평화회의에도 참석했고 미국에 가서도 조선의 사정을 알리고, 조선을 돕기 위해 동분서주했습니다. 우리에게는 매우 고마운 일이지만 헐버트 개인에게는 너무나 힘든 과정이었어요. 조선의 독립에 대부분의 나라들이 무관심했고 미국인 중 상당수가 그의 활동을 비방했어요. 선교를 하라고 보냈더니 정치 문제에 개입을 하다니! 오랜 기간 헐버트는 미국 내에서도 고립된 삶을 보냈습니다. 하지만 이러한 노력이 독립운동사에 큰 도움을 주었고 오늘날에도 우리를 도운 외국인으로 그를 기억하는 사람이 많습니다.

이준은 법관이었는데 사회 문제에 관심이 많았고 구국운동을 활발히 했던 인물이에요. 덕분에 일본의 미움을 받았고 법관에서 쫓겨났습니다. 고종은 이준을 몰래 불러서 밀명을 내립니다. 이준은 가족에게도 알리지 않고 경부선을 타고 부산으로 갑니다. 그곳에서 배를 타고 동해를 가로질러 블라디보스토크에 도착해요. 여기서 이상설을 만납니다. 이상설 또한 을사조약에 격렬히 항거했던 인물이에요. 고위 관료였는데 조선이 나라를 잃는 망국의 위기에 처하니까 동분서주하며 독립운동의 기초를 놓았어요. 이상설은 정말 대단한 인물이에요. 상하이에는 신한청년당이라는 단체를 설립했는데 이 단체는 이후 3·1운동을 주도하고 파리강화회의에 사절

헤이그 특사와 헐버트

이준　이상설　이위종

> 헤이그 특사는 외교 활동을 통해 독립운동을 시도한 사건이에요. 나중에 임시정부도 파리강화회의, 카이로회담에서 독립을 요구했습니다.

단을 파견하고 임시정부를 세우는 데 큰 역할을 했습니다. 간도에는 서전서숙이라는 학교를 세워서 만주에서 최초의 민족교육운동을 시도했고 연해주에서는 독립운동세력을 규합하는 등 정말 엄청난 활약을 펼쳤답니다.

　이준과 이상설은 의기투합을 합니다. 시베리아 횡단열차를 타고 모스크바에 도착해요. 이곳에서 주러공사(러시아에 위치한 대한제국의 외교관)였던 이범진이 자신의 아들 이위종을 소개시켜 줘요. 이위종은 아버지를 따라서 오랜 기간 유럽에 있었기 때문에 러시아어, 프랑스어 등 외국어에 능통한 인물입니다. 이들은 네덜란드에 도착해서 적극적인 외교활동을 펼쳤어요. 하지만 국제사회는 냉담했어요. 어차피 식민지를 만드는 것은 당시에는 일반적인 일이었고 조선이 힘이 없으니 일본 것이 되는 것은 당연하지 않냐는 반응이었죠. 그래도 언론 활동은 성공적이었어요. 당시 저명한 신문 기자들이 이들을 주목해서 특집 기사도 싣고 이들의 주장을 널리 알려 주었거든요. 그럼에도 불구하고 애초에 목표했던 외교 활동은 성공을 거두지 못했습니다.

이준의 경우 극도로 분노하고 절망한 끝에 네덜란드에서 숨을 거두고 말아요. 이상설과 이위종은 미국으로 건너와서 활동을 이어 갑니다. 고종이 보낸 특사였지만 이제는 '한민족을 대표'한다는 명목으로 외교 활동을 했어요. 외교권도 없는 나라가 어떻게 특사를 보내냐며 이들을 인정해 주지 않자 "우리는 왕이 보낸 사절이 아니라 민족을 대표하는 사람들이다."와 같은 식으로 스스로 명분을 만들어 갔습니다.

미주 지역에서 이들의 활동은 교민들에게 큰 영향을 미쳤어요. 그리고 이들에게 감화를 받은 여러 사람들이 적극적인 활동에 나섭니다. 장인환과 전명운은 친일 정치인 스티븐스를 처단했어요. 스티븐스는 미국인이지만 철저하게 일본의 이익을 대변하며 활동했던 인물이거든요. 조선이 일본의 식민지가 되는 것이 마땅하다고 주장했죠. 이재명은 친일파의 거두 이완용을 처단하고자 합니다. 이완용은 독립협회 회장을 하는 등 활동 초기에는 유능하고 애국심이 있던 관료였습니다. 하지만 이토 히로부미의 측근이 되어서 조선이 식민지가 되는 데 가장 큰 공을 세웠습니다. 이재명이 찌른 칼 때문에 사경을 헤맸지만 극적으로 살아났어요.

: 동양 평화를 위한 안중근의 한 발 :

그리고 안중근이 하얼빈 역에서 이토 히로부미를 처단합니다. 을사조약을 주도했고 통감부를 설치하여 조선의 내정을 간섭하는 등 조선 식민화에 큰 공을 세운 이토 히로부미가 하얼빈 역에서 안중근이 쏜 총알에 맞아 죽었던 거예요. 안중근은 의도적으로 하얼빈 역을 선택했어요. 러시아가 통제하고 있던 지역이었기 때문에 암살 이후 러시아에 체포가 될 것이고 그러면 국제재판소에 불려가서 법적인 투쟁을 할 수 있다고 본 거예요. 하지만 상황은 안중근의 뜻대로 흘러가지 않았습니다. 러시아는 안중근을 일본에 인도했고 뤼순형무소에 갇힌 채 일본법에 의해 사형을 언도받습니다.

> **언도받다**
> 재판장으로부터 판결을 받는 일을 말해요.

안중근은 《동양평화론》이라는 글을 남겼어요. 이토 히로부미가 동양의 평화, 즉 한국, 중국, 일본 등이 포함된 동아시아의 평화를 위협했기 때문에 부득이하게 그를 처단할 수밖에 없었다는 주장입니다. 영국, 프랑스 등 유럽 국가를 중심으로 제국주의가 유행하던 때잖아요? 한국, 중국, 일본이 똘똘 뭉쳐 이들과 싸우면서 주권을 지켜내야 하는 때에 이토 히로부미 등이 잘못된 선택을 했다는 말이에요. 함께 연대해서 잘못된 시대적 흐름과 맞싸워야 하는데 일본이 어설프게 유럽인들을 따라서 조선을 식민화하는 것은 앞으로 동아시아 평화에 큰 위협이 될 수밖에 없다는 주장이었습니다.

안중근의 《동양평화론》은 오늘날에도 많이 이야기됩니다. 그가

안중근 의사의 당당한 기개

> 뤼순에서 재판을 받은 후 사형 언도를 받은 안중근 의사는 다시 한번 재판을 신청하는 항소를 하지 않기로 결심합니다. 옳은 일을 했으니 구차하게 목숨을 구걸할 필요가 없다는 굳은 의지 때문이었어요. 안중근 의사가 사형 직전 자신을 데리러 온 간수에게 마지막으로 남긴 말이 "책을 다 읽지 못했으니 5분만 시간을 달라."였다고 해요. 죽음 앞에서도 너무나 당당하고 기개가 넘쳤습니다.

단순히 나쁜 일본과 맞싸우는 수준을 넘어서서 평화를 이야기했다는 점, 그리고 그러한 그의 화해와 평화의 정신이 오늘날 여전히 불안한 동아시아의 상황에 좋은 상상력을 준다는 점에서 말입니다.

헤이그 특사의 치열한 활동은 실패로 돌아갔습니다. 하지만 그들의 치열한 노력이 새로운 사람을 일깨웠어요. 누군가는 친일파를 처단하고 누군가는 '동양의 평화'라는 새로운 비전을 제시했고요. 비록 조선은 망했지만 이렇게 한발 한발 한민족은 자신의 역사를 써내려 가기 시작했습니다. 실패했다고 실패한 것이 아니고 끝날 때까지 끝난 것이 아닌 저력을 보여주었던 겁니다.

3·1운동과 대한민국임시정부

나라를 빼앗는다는 것은 무엇을 빼앗는다는 뜻인가요?

: 만일 좀비가 사는 세상을 살게 된다면 :

좀비가 등장하는 영화나 드라마를 본 적이 있나요? 우리가 알던 세상이 사라지고 좀비가 지배하는 세상에 떨어지게 되면 사람을 뜯어 먹으려고 공격하는 좀비로부터 끊임없이 도망쳐야 하죠. 학교에 가지도 못하고 집에 숨어 있거나, 끊임없이 살 곳을 찾아 도망 다녀야 하고요. 비록 드라마나 영화이긴 하지만 그곳에서 우리는 우리가 매일 누리던 일상생활이 좀비 때문에 모조리 사라지는 경험을 하고 말아요. 부모님이나 자녀를 잃기도 하고, 사랑하는 사람이 언제 좀비가 될지 모르는 세상에서는 미래를 상상하며 꿈을 키우는 것이 아니라 어떻게 하면 살아남을 수 있을까를 생각해야만 합니다. 어쩌다 생존자를 만나도 경계해야 합니다. 먹을거리나 값어

치 나가는 것들을 빼앗기 위해 총을 쏘는 등 같은 인간임에도 불구하고 배려는커녕 공격을 하니까요. 세상이 타락했기 때문에 사람의 마음이 악해졌을 수도 있고 법률이나 제도가 사라져 버렸기 때문에 이를 악용하는 사람들이 나타났기 때문일 수도 있겠죠. 여하간 좀비 영화나 드라마에서 인간은 참으로 고달픈 삶을 이어간답니다.

여러분은 나라가 없는 상황을 상상할 수 있나요? 좀비 영화와 똑같지는 않더라도 유사한 부분이 많을 것 같아요. 외국인들이 와서 총독이니 순사니 하면서 군림하려 들죠. 우리를 위해 존재하는 왕이나 대통령이 아닌, 약탈하려고 온 것이니 우리를 위한 통치를 할 리도 만무하죠. 어떻게든 이득을 취해서 자신들의 나라로 가져갈 것이고 우리는 그들을 위한 노예로 살아갈 수밖에 없을 거예요. 정치적 권리란 것도 가질 수 없겠지요. 외국에서 파견된 총독, 군 사령관, 장관, 차관 등 외국인들이 국가를 통치하는 거예요. 교육 제도가 있더라도 진심으로 인재를 기르려는 교육을 할 리 만무하고, 경제 제도가 있더라도 궁극적인 목표는 외국의 경제적 성공을 목표로 하겠죠. 내 나라가 아닌 곳에서 다른 나라 사람들을 위해서 살아가야 하기 때문에 꿈과 미래를 이야기할 수도 없고, 꿈을 이룰 수 있는 길도 없어지게 되는 거예요. 1910년 조선이 식민화되면서 무려 36년간 한민족은 바로 이러한 처지에 놓이게 됩니다.

: 잔인하게 조선을 억압하고 수탈했던 일본제국 :

1910년부터 3·1운동이 일어나는 1919년까지를 보통 일제의 '무단

통치 기간'이라고 부릅니다. 말 그대로 무섭게 강요하고, 강력하게 통제하면서 식민지를 운영했다는 말이에요. 놀라운 점은 '무단 통치'라는 말을 우리가 지어낸 게 아니라는 점이에요. 3·1운동이 일어나고 조선의 사정이 보도가 되면서 일본인 기자나 지식인들이 '무단'이라는 말을 많이 썼어요. 자신들이 보기에도 조선에 대한 식민통치는 너무 가혹했다는 거죠.

조선을 식민화한 일본은 강력하게 식민지를 통제합니다. 군인들이 나라를 통치했어요. 조선 총독은 거의 모두가 일본 육군 장군들이었어요. 조선에 일본군이 배치가 되었고 경찰 대신 헌병이 마을을 통제했죠. 헌병은 군대 내 경찰이라고 보면 될 것 같아요. 일반 경찰보다 훨씬 엄격하고 강압적이에요. 헌병이 군복을 입고 돌아다니면서 마을을 통제하고 치안을 관리하니 분위기가 살벌할 수밖에 없었죠. 교사들도 군복을 입고 심지어 칼을 차고 학생들을 가르쳤답니다. 일제는 태형을 실시했어요. 여러 기준을 만들어 놓고 이를 어길 경우 때리기까지 했던 거예요. '웃통 벗고 일하면 몇 대', '집 앞 청소를 안 하면 몇 대'와 같은 식으로 말이에요. 1910년에는 1만여 명 정도가 태형을 당했고 3·1운동 직전에는 4만 명 정도가 태형을 당할 정도였습니다. 즉결처분권이라는 것도 있었어요. 구속 영장이 없어도 원하면 최대 3개월까지 강제로 감옥에 가두어 구금할 수 있는 권한이었습니다. 말 안 들으면 때리고, 항의하면 잡아서 가두는 식으로 무시무시한 통치를 펼쳤던 거예요.

> **태형**
> 죄인의 엉덩이를 때리는 형벌을 말해요.

조선총독부는 대규모로 토지조사사업을 실시합니다. 조선의 토지 현황을 체계적으로 확인한 거예요. 일본인들은 총독부의 후원을 받으며 조선에 들어와서 전국 각지에 일본인이 경영하는 대규모 농장을 세웠습니다. 전라북도의 구마모토 농장의 경우는 면적이 여의도의 10배가 될 정도로 컸는데, 이런 일본인 농장이 전국에 많았어요. 총독부가 토지 현황을 파악하고, 일본인들을 정책적으로 지원했기 때문에 가능했던 일이에요.

지주의 소유권을 보장하고 농민의 경작권은 부정했습니다. 소유권은 말 그대로 '땅의 주인이 누구인지를' 따지는 거예요. 경작권은 농민들을 보호하기 위한 전통이에요. 지주 소유의 땅이지만 함부로 소작인들을 내쫓지 못하게 하고, 여러모로 농민들의 권리를 보호하던 일종의 사회보장제도 같은 거예요. 일본인들은 근대적인 토지 제도를 만들겠다는 명목으로 농민들의 경작권을 부정했습니다. 지주의 소유권만 인정해 주고 농민들이 감당하기 어려운 소작 제도를 강요했죠. 소작료를 많이 내야 하고 오랜 기간 지주가 부담하던 비용이나 노동력을 농민이 감당하도록 하는 등 철저하게 지주 입장에서 농업 정책을 펼쳤습니다. 원래도 어려웠던 농민들의 삶이 더욱 피폐해졌다고 볼 수 있어요. 일본이 세운 동양척식주식회사는 이런 일을 앞장서서 하던 기관이었는데 민중들의 원한과 미움을 크게 받았습니다.

조선의 전통 문화는 무시당하기 일쑤였고 모두 고리타분하고 바꾸어야 할 것들로 여겨졌죠. 서양식 건물이 크게 지어지고, 일본인들에 의해 일본식 건물이 많이 지어졌어요. '조선인은 미개하고

동양척식주식회사의 모습

오늘날 서울 을지로에 위치하던 동양척식주식회사의 모습이에요. 일본 제국이 우리나라의 토지와 자원을 함부로 빼앗아갈 목적으로 세운 회사입니다.

야만적이다. 그나마 일본이 조선을 식민화했기 때문에 비로소 근대화가 될 수 있었다.'는 식의 입장이었습니다. 조선인을 게으르고 주체성이 없고 자기들끼리 싸움이나 일삼는 저열한 민족이라고 보았던 거예요. 심지어 일본인 역사가들이 이를 합리화하는 역사책을 쓰기도 했어요. 나라를 잃은 설움이 어떠한가를 온몸으로 겪었던 시절이었습니다.

3·1운동, 대한 독립 만세를 외치다!

그리고 1919년 3·1운동이 일어납니다. 10년간 억눌려 왔던 한이 폭발했다고나 할까요? 3·1운동은 우리 역사에서 가장 중요한 사건이에요. 운동의 절정기였던 3~4월에 100만이 넘는 인파가 거리로 쏟아져 나와서 독립을 외쳤습니다. 운동이 끝나는 8~9월경이 되면 도합 300만~400만 명이 참여했다는 기록까지 있을 정도예요. 한국인이 있는 곳이라면 어디에서나 태극기가 휘날렸답니다. 서울이 가장 격렬하게 운동을 주도했고요. 평양을 비롯한 도시에서도 활발하게 운동이 진행되었어요. 안성 같은 곳에서는 민중들이 합세해서 이틀간 일본인들을 몰아내는 실력 항쟁을 벌이기도 했고요. 인천에서는 사람들이 모여서 민중대회를 열고 정부를 선포하기까지 했습니다. 간도, 블라디보스토크, 워싱턴, 필라델피아 등 해외 교민이 있는 곳에서도 3·1운동이 벌어졌습니다.

　3·1운동은 개신교, 천도교 등 종교계가 주도했어요. 사실 개신교도 그렇고 천도교도 그렇고 당시에는 사이비나 이단으로 취급받던 신생 종교들이잖아요? 유교나 불교에 비한다면 이제 막 세력을 떨치기 시작한 종교인 셈인데 공교롭게도 이들이 운동을 주도합니다. 원래는 세네 명 정도 당대의 저명한 이들을 모셔서 민족대표로 삼으려고 했는데 다들 거절했어요. 할 수 없이 운동을 준비한 이들이 대표로 나서게 돼요. 총 33명이었는데 당시로서는 다들 별 볼 일 없는 집안에다가 유명한 인물이 아니었습니다. 무명의 인물들이었기 때문에 가급적 대표단을 많이 꾸렸던 거예요.

3·1운동에는 학생들이 크게 호응해요. 이미 약 한 달 전인 2월 8일에 도쿄에서는 유학생을 중심으로 한 독립선언이 있었어요. 이를 주도했던 김마리아, 송계백 등이 국내의 민족지도자들과 연계해 3·1운동에서 활약을 펼칩니다. 최남선이 독립선언문을 쓰고 학생들이 적극적으로 만세시위를 벌이면서 사건이 커집니다. 처음에는 독립선언문을 배포하고 낭독하는 것이 중요했는데 나중에 가면 태극기를 휘날리는 것으로 바뀌게 돼요. 아무래도 글을 읽는 것보다 깃발을 휘날리는 것이 훨씬 눈에 띄고 인상적인 방법이었겠죠?

3·1운동은 고종의 장례식을 계기로 시작되었어요. 사실상 조선의 마지막 군주로 동분서주하던 고종이 죽었으니 식민지 백성들의 마음이 얼마나 속상하고 아팠겠어요. 고종이 일본에 의해 암살당했다고 믿으면서 분개를 했고 민족대표와 학생들이 3·1운동을 이끌자 적극 호응에 나선 거예요. 그런데 흥미로운 점은 거리에 나온 사람들이 "고종 폐하 만세"를 외치지 않고 "대한 독립 만세"를 외쳤다는 점이에요. 과거가 아닌 미래를 선택한 것이지요. 원래 '만세'라는 표현은 황제를 찬양하는 데 쓰던 말이에요. 우리나라에서는 오랫동안 황제가 아닌 왕을 찬양하는 '천세'라는 표현을 썼어요. 그런데 고종이 국호를 조선에서 대한제국으로 바꾸고 황제가 되니까 만세라는 표현을 쓸 수 있게 된 거죠. 3·1운동이 더욱 의미 있는 것은 만세의 대상을 죽은 황제가 아닌 우리 민족을 의미하는 '대한' 그리고 '대한의 독립'을 찬양하는 것으로 삼았다는 점이에요. 단순히 황제를 찬양하는 것과는 의미가 크게 바뀐 것이지요. '과거의 왕조 사회인 조선을 그리워하는 것이 아니라 이제 우리 스스로 하나

당당함을 잃지 않았던 유관순 열사

서대문형무소에 수감된 유관순 열사의 모습이에요.
유관순 열사는 재판을 받을 때에도
"내 나라의 독립을 위해 만세를 부른 것이 어떻게 죄가 되느냐?
죄가 있다면, 불법적으로 나라를 빼앗은 너희들에게 있는 것 아니냐!"고
일본 재판관을 꾸짖었다고 해요.

가 되어 독립을 외친다! 우리는 비록 지배받는 백성이지만 그럼에도 불구하고 다시 일어날 한민족이다!' 이러한 열정으로 온 나라가 뜨거워집니다.

특히 여학생들의 활약이 대단했어요. 이화학당을 비롯한 여학교의 학생들이 3·1운동에 앞장섰답니다. 이들은 서울에서 시위를 하다가 기차를 타고 고향으로 내려가요. 그리고 고향에서 사람들을 규합하고 장터에서 시위를 주도합니다. 대표적인 사건이 유관순이

주도한 아우내장터 시위입니다. 아우내장터에서 유관순의 부모가 모두 죽고, 유관순도 체포되어 모진 고문 끝에 서대문형무소에서 최후를 맞이합니다. 하지만 이들의 이러한 치열한 노력 그리고 민중들의 담대한 합세로 인해 아무것도 없는 조선은 스스로 다시 일어섭니다. 3·1운동으로부터 약 6개월이 지난 9월에 상하이에서 대한민국임시정부가 만들어졌기 때문이에요. 물 위를 걷는 것과 같은 기적이라고나 할까요? 모든 것을 잃은 상태에서 새로운 한민족의 역사가 시작되었던 셈이죠.

대한민국임시정부와 문화통치

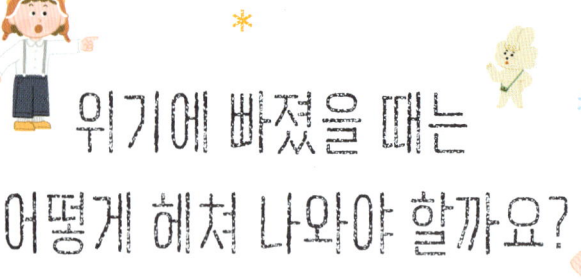

위기에 빠졌을 때는
어떻게 헤쳐 나와야 할까요?

: 실패했을 때 어떻게 극복하는지가 중요해요! :

살다 보면 실패하고 좌절하게 될 때가 많아요. 잘 봐야 하는 시험에서 실수로 문제를 틀리거나, 사소한 오해로 친구 사이가 틀어져 정말 친하게 지냈던 친구와 사이가 나빠지기도 해요. 원하지 않는 상황이 계속 이어지다 보면 기운이 빠지고, 기분이 안 좋아지게 되죠. 심한 경우는 우울해지고 '내가 하는 일이 그렇지, 뭐', '나는 정말 어쩔 수 없나 봐.' 같은 패배 의식에 빠지기도 합니다.

그런데 따져 보면 사소한 일이 큰일이 되거나, 작은 실수가 문제가 되어 치명적인 사건이 되거나, 우정이나 사랑이 산산조각 나는 일들은 모든 사람이 매번 겪는 일입니다. 나쁜 일이 일어나는 것은 어쩔 수 없어요. 하지만 나쁜 일에 대처하는 방법은 사람마다 차이가 있는 것 같아요. 우울함에 빠져서 될 대로 되라는 식으로 살아가는 사람이 있는가 하면, 문제의 원인을 살펴보면서 같은 실수를 반복하지 않기 위해 노력하는, 그래서 결국 과거와는 다른 이야기를 만들어 내는 사람들이 있죠. 스스로의 부족한 부분을 성찰하면서 타인을 향한 미움보다는 희망적인 미래를 일구어 내는 사람이 진짜 멋진 사람이랍니다. 역사도 마찬가지인 것 같아요. 재앙과 같은 어려움에 빠져들더라도 함께 마음을 모으고, 치열하게 분투하면서 희망을 만들어 가는 경우가 있습니다.

> **성찰**
> 자기의 마음을 반성하고 살피는 일을 말해요.

> **분투**
> 있는 힘을 다해서 싸우거나 노력하는 일을 말해요.

: 암흑 속의 빛 3·1운동과 청산리 대첩 :

1919년 3·1운동이 강력하게 일어나는 가운데 중국 상하이에 대한민국임시정부가 만들어집니다. 독립에 대한 뜨거운 열기 가운데 전 세계에서 활동하던 독립운동가들이 이곳에 모였어요. 이들은 상하이에서 '대한민국임시헌장'이라는 헌법을 만들고 삼권분립을 바탕으로 우리 역사 최초의 민주공화국을 선포합니다. 대한민국임시헌장에는 "남녀와 신분 그리고 빈부의 계급이 없고 일체 평등하다."는

> **삼권분립**
> 국가의 권력을 입법, 사법, 행정 삼권으로 분리해서 서로 견제하게 하는 제도를 말해요. 왕이 아니라 국민의 권리와 자유를 보장하는 원리랍니다.

내용이 있어요. 조선왕조하고는 다른 사회를 만들겠다는 생각이었어요. 조선의 경우 남존여비사상이 강하기 때문에 여성 차별이 심했잖아요? 양반과 상놈이라 부르던 신분제와 계급제가 있었고요. 소수의 지주가 다수의 소작농을 부리는 경제적 불평등이 심각하기도 했죠. 대한민국임시헌장은 '새롭게 세울 대한민국은 이러한 불합리한 사회 구조와 제도를 극복하는 새로운 나라가 될 것이다.'라는 강력한 비전을 선포했던 거예요. 남녀가 평등하게 대우받고, 신분이 없고, 경제적으로 불평등하지 않은 사회를 만들겠다는 생각이었습니다.

임시정부는 정말로 어려운 상황에서 만들어졌어요. 조선이 망할 때 일부가 망명 정부를 세운 것도 아니고, 조선왕조가 멸망하고 난 후 10년 만에 벌어진 3·1운동을 기반으로 생겼으니까요. 임시정부는 한반도를 비롯하여 세계 곳곳에서 민중들이 모은 성금으로 운영이 되었습니다. 독립운동가들은 치열하게 활동했어요. 오늘날 국회라고 할 수 있는 '임시의정원'에서 정부를 운영했고, 대통령도 뽑았습니다. 임시정부는 파리강화회의에 대표단을 파견해서 세계 여러 나라의 대표들에게 독립의 필요성을 역설합니다. 또한 연통제, 교통국이라는 기관을 만들어서 독립자금을 모으고, 보다 조직적으로 독립운동을 추진했습니다. 신문도 발행하고 학교도 세워서 인재도 기르는 등 다양한 생각을 가진 독립운동가들이 함께하면서 임시정부는 여러 활동을 벌여 나갔죠.

> **역설**
> 자기의 뜻을 힘주어서 말하는 것을 뜻해요.

홍범도 장군과 봉오동 전투

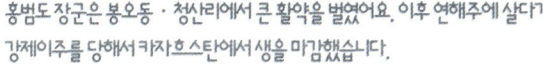

홍범도 장군은 봉오동·청산리에서 큰 활약을 벌였어요. 이후 연해주에 살다가 강제이주를 당해서 카자흐스탄에서 생을 마감했습니다.

그리고 1920년 간도에서 봉오동 전투와 청산리 대첩 승리라는 낭보가 전해집니다. 간도는 백두산 근처 압록강과 두만강 북쪽을 말해요. 원래는 청나라 땅이었는데 조선 말기에 많은 사람들이 간도로 이주했고 독립운동가들 역시 이곳에서 무장투쟁을 벌였습니다. 일본 입장에서는 위협적인 세력이었죠. 간도에 근거를 둔 독립군은 자주 강을 넘어 한반도로 진격해 왔어요. 일본군을 끊임없이 괴롭히면서 독립 의지를 다졌죠. 일본 역시 군대를 파견해

> **낭보**
> 기쁜 소식을 뜻해요.

서 독립군을 소탕하고자 했어요. 그러던 와중에 봉오동 일대에서 홍범도 장군이 이끄는 독립군이 수백 명의 일본군을 물리치는 전과를 올립니다.

이에 격분한 일본은 아예 수천 명의 대규모 병력을 끌고 간도로 쳐들어와요. 김좌진 장군은 물론이고 홍범도 장군을 비롯해 간도 일대의 지도자들은 독립군을 이끌고 연합 작전을 실시, 청산리 일대에서 약 일주일간 격전을 벌입니다. 어랑촌, 맹개골 등 청산리 일대의 여러 곳에서 일본군 정예병력과 싸웠는데 결과는 대승! 약 2,000여 명의 일본군이 죽거나 다쳐서 철수하고 맙니다. 독립군의 무장 투쟁 활동에서 가장 빛나는 순간이었어요. 상하이에는 임시정부가 만들어지고 간도에서는 독립군 무장부대가 승리를 거두는 등 1919년부터 1920년까지는 정말로 희망이 넘치는 시간이었습니다.

: 사회 곳곳에서 일본에 저항하고 인권을 지키기 위한 운동이 시작되다 :

해외에서 치열한 투쟁이 벌어지고 있을 무렵 국내에서도 활발한 활동이 펼쳐져요. 특히 학생들의 활약이 대단했어요. 3·1운동을 이끌었던 게 학생들이었잖아요? 학생들은 학생회와 자치회 같은 모임을 조직했어요. 함께 책을 읽고 토론하면서 실력을 기르고 사회 문제에 관심을 가졌습니다. 그리고 1926년 6·10만세운동과 1928년 광주학생항일운동 등 3·1운동의 뒤를 이은 강력한 저항 운동의 구심점이 되었습니다.

1926년 6월 10일은 조선의 마지막 황제 순종의 장례가 있었던 날입니다. 3·1운동이 고종의 장례식을 계기로 일어난 사건이잖아요? 제2의 3·1운동을 추진했던 거예요. 안타깝게도 일본의 방해로 인해 크게 성공하지는 못합니다. 3·1운동 때 깜짝 놀랐던 일제는 학생들의 활동을 철저하게 감시하고 있었고 운동이 일어나자마자 강력하게 진압했습니다. 하지만 광주학생항일운동은 보다 강력했어요. 전라남도 나주와 광주는 가까운 지역이기 때문에 많은 학생들이 나주에서 광주로 학교를 다녔습니다. 그런데 학생들 간에 충돌이 일어난 거예요. 일본인 학생이 조선인 여학생을 희롱했고 이에 조선인 남학생이 발끈하게 됩니다. 그런데 일본인 관리가 이를 보고 조선인 학생을 일방적으로 폭행하면서 문제가 커집니다. 조선인 학생들이 들고 일어난 거예요. "제대로 된 교육을 실시해라! 일본 제국주의를 타도해야 한다!"라고 외치며 전국적으로 약 5만여 명의 학생들이 격렬히 시위하면서 일본의 식민지배를 비판했습니다. 3·1운동의 뒤를 이은 대규모 운동이었어요. 평소에 자주 모임을 하면서 책을 읽고 토론을 하는 등 문제의식을 키워 왔기 때문에 가능했던 모습입니다.

이뿐만 아닙니다. 농민운동, 노동운동, 사회주의운동, 형평운동 등 사회 각 분야에서 다양한 변화가 일어나기 시작했어요. 앞서 이야기했듯 일제강점기에 들어 농민들의 삶은 더욱 어려워졌어요. 지주에게만 계약 조건이 유리했고 농사를 열심히 지어도 절반 이상을 빼앗겼으니까요. '농민들이 단결해야 한다! 정부에 각성을 촉구하고, 지주들의 부당한 요구에 맞서야 한다.'고 생각한 이들이 모여 농민운동을 시작합니다. 1923년 암태도 소작쟁의가 대표적인 사건이에요. 전라남도 신안에 암태도라는 섬이 있는데 이곳에서 조선인 지주가 농민들을 혹독하게 괴롭힌 거예요. 암태도에 사는 농민들은 소작조건을 개선해 달라고 주장하면서 투쟁을 시작합니다. 집단으로 목포에 가서 정부에 직접 탄원을 하는 등 수개월간 치열한 노력을 벌입니다. 결국 소작료를 낮추고, 소작조건을 개선하는 등 의미 있는 승리를 거두었습니다.

노동운동 또한 강력했어요. 1920년대 들어 평양이나 원산 등 한반도 북부 지역에 공장이 많이 들어섭니다. 일본인들이 세운 공장들이에요. 일제는 경찰을 동원하여 일본인 공장을 보호했고 일본 기업은 조선의 값싼 노동력을 이용해서 제품을 생산했습니다. 임금을 적게 주거나 과도하게 노동을 시키는 게 문제가 되었어요. 노동자들 또한 농민들처럼 조직을 만들고 적극적으로 투쟁했습니다. 1929년에는 원산에서 노동자 총파업이 있었어요. 일본인 감독이 조선인 노동자를 가혹하게 다루는 데 격분했던 사건이에요. 4개월간 약 2,000여 명이 참여해서 치열하게 투쟁했습니다. 평양에서는 여성 노동자 강주룡이 12m 높이의 을밀대에 올라가서 고공농성을 벌였어요. 약 2,300명의 여성 노동자가 있었는데 이들을 대표해서 시위를 한 거예요. 농민운동이나 노동운동은 독립운동은 아닙니다. 하지만 3·1운동 이후 일본의 식민지배가 부당하다는 생각을 하면서 권리 의식도 생기고, 비판 의식도 생기면서 이런 다양한 운동이 터져 나온 거예요. 독립을 하는 것만큼이나 인간답게 살아가는 것도 중요하다는 생각을 하게 된 것이지요.

같은 시기에 들어온 사회주의 사상도 큰 영향을 미쳐요. 3·1운동이 일어나기 2년 전인 1917년 러시아에서 사회주의 혁명이 일어나거든요. 사회주의는 경제적인 불평등을 비판적으로 이해하는 사상이에요. '왜 같은 사람으로 태어나서 누구는 잘 살고, 누구는 못 사는 거지? 이것을 당연하다고 생각해야 하나? 잘못된 거 아니야? 가만히 보니까 기업이나 공장을 운영하는 사람들이 돈을 벌고 노동자들은 고생만 하잖아? 기업가들을 몰아내고 모두가 평등한 사회를 만들어야 해!'와 같이 노동자를 조직하고 혁명운동을 해야 한다는 것이 사회주의자들의 생각이었어요. 영국에서 산업혁명이 일어난 이후 기업이나 공장을 운영하는 기업가나 자본가는 너무나 잘 살고, 이에 비해 노동자들의 삶이 너무나 어려우니까 이를 문제 삼으며 등장한 사상입니다.

형평운동이라고 하는 우리 역사 최초의 인권 운동 또한 이때 일어납니다. 형평운동은 백정 인권 운동이었어요. 백정은 소나 돼지를 잡아서 가죽과 고기를 만드는 일을 하는 사람들이었어요. 조선 시대 때는 이들을 매우 천하게 여기고 무시했어요. 농사 같은 좋은 직업이 있는데 동물의 피를 보는 좋지 못한 일에 종사한다고 생각했던 거예요. 백정은 강제로 검은색 옷을 입어야 했고 동네 아이들도 반말을 했어요. 일반인과 마주치면 백정은 고개를 푹 숙이고 도망가야 했어요. 바라보기만 해도 재수가 없다고 생각했기 때문이었죠. 1923년 진주 양반 강상호는 이에 대한 문제의식을 가지고 뜻있는 백정들과 조선형평사라는 단체를 조직합니다. '백정도 사람이고, 사람다운 대접을 받아야 한다! 무엇보다 백정이라는 이유로 교육을 제대로 못받는 일 또한 잘못된 것이다!' 백정들이 인권을 외치기 시작하자 반발 또한 심했어요. 일반 농민들이 백정들에게 몰려가서 때리기도 했죠. 사회 최하층의 사람들이 인권을 외치니까 평범한 민중이 이들을 괴롭히는 참으로 안타까운 모습이었습니다. 하지만 이렇게 치열하게 저항하면서 권리를 요구하기 시작했고 시간이 지나면서 잘못된 문화나 제도들이 하나하나 개선이 되는 등 상황은 조금씩 나아지기 시작했습니다. 대단하지 않나요? 1910년 조선은 멸망했지만 조선 민중은 살아 있었어요. 1919년 3·1운동과 임시정부의 수립, 그리고 봉오동과 청산리에서의 승전 등 독립운동은 보다 강력하고 의미있게 진행되었습니다. 이에 호응하며 국내에서는 학생들을 중심으로 치열한 투쟁이 일어났습니다. 수많은 억압과 비판이 있었지만 농민, 노동자, 백정 등 다양한 계층의 사람들은 자신들의 형편을 자각하고 불합리한 현실을 고치기 위해 애쓰고 노렸했답니다. 정말로 뜨겁게 불타던 1920년대 우리들의 모습이었어요. 비록 식민지라는 고통스러운 시간을 보내고 있었지만 결코 방향을 잃지 않고 한발 한발 의미 있는 걸음을 걷고 있었던 셈입니다.

의열단과 한인애국단

폭력은 무조건 나쁜 거 아닌가요?

: 누가 가장 잘못했을까? :

예를 들어 볼게요. 우리 반에 20명의 학생들이 있어요. 어느 날 선생님이 반장을 불러서 40개의 빵을 주면서 나누어 먹으라고 하셨어요. 두 개씩 나누어 먹으면 되는데 반장이 욕심을 부린 거예요. 반장 혼자 열 개를 챙깁니다. 그리고 부반장을 불러서 우리가 반장이고 부반장이니까 다섯 개씩 갖자고 제안합니다. 부반장은 다섯 개나 먹을 수 있으니까 반장의 제안을 받아들이죠. 이렇게 해서 반장은 혼자 챙긴 열 개에 다섯 개를 더 가지게 됩니다. 그리고 부반장은 다섯 개를 가지죠.

나머지 20개를 들고 와서 반 친구들에게 나누어 줘요. 그런데 그냥 나누어 주지 않고 반장과 친한 친구들에게 두 개씩 나누어 줍니다. 그러다 보니 빵이 모자라게 되고 빵을 받지 못한 학생들에게 불만이 생기게 돼요. 반장과 친한 친구들은 두 개의 빵을 들고 만족스러운 표정을 지으면서 빵을 못 받은 친구들을 모르는 척합니다.

그러자 한 친구가 빵을 받지 못했다면서 선생님한테 가서 따지겠다고 해요. 그러자 반장이 이 친구를 막아서면서 몰래 빵 하나를 줍니다. 이 친구는 빵이 생기자 순순히 물러섭니다. 그런데 다른 친구가 나서는 거예요. "이 빵 어디에서 났어? 반장이 숨긴 것 아니야?"라며 따집니다. 빵을 받지 못한 다른 친구들도 불만을 터뜨립니다. 그러자 반장과 부반장이 크게 소리를 지르면서 우리는 모르는 일이라고 발뺌합니다. 빵을 받은 아이와 못 받은 아이 간에 싸움이 벌어지며 교실의 분위기가 급속도로 나빠지고 말아요.

문제의 원인은 어디에 있을까요? 정확한 기준을 제시하지 않은 선생님? 혼자 욕심을 낸 반장? 반장의 부정행위를 모른 척한 부반장? 자기가 먹을 빵이 생기자 문제를 외면한 반 친구들?

그렇다면 이 반의 문제는 어떻게 해결할 수 있을까요? 뒤늦게라도 선생님이 와서 문제를 해결해야 할까요? 반장과 부반장이 잘못했다고 반성해야 할까요? 모르는 척하며 빵을 즐겁게 먹은 친구들이 나서서 빵을 먹지 못한 친구들을 챙겨줘야 할까요?

분명한 사실은 누군가 문제를 일으켰고 그 문제로 인해 많은 사람이 피해를 보았다는 점이에요. 이 때문에 갈등이 시작되었다는 것이죠. 이러한 일은 우리가 사는 세상에서 빈번하게 벌어집니다. 서로 갈등하고, 심지어 폭력을 사용하면서까지 싸우는 이유도 이 때문입니다.

: 일본의 문화통치와 곳곳에서 생겨난 친일파들 :

3·1운동과 임시정부 그리고 다양한 독립운동이 일어나자 일제는 당혹스러울 수밖에 없었어요. 약 10년간 강력한 억압통치를 했는데 오히려 더욱 강한 힘으로 독립의 열기가 피어올랐으니까요. 3·1운동 이후 일본은 전략을 바꿉니다. 해군 제독 출신 사이토 마코토가 부임해 옵니다. 조선 총독은 대부분 육군 장군이 부임해 왔으니 파격적인 조치라고 할 수 있었어요. 사이토 마코토가 부임하던 때 소동이 일어나요. 강우규가 서울역에 폭탄을 던졌거든요. 일본은 범인을 잡느라 애를 먹습니다. 당시 강우규는 환갑을 훌쩍 넘긴 할아버지였거든요. 분명히 젊은이가 폭탄을 던졌을 것이라고 생각했는데 평범한 노인이었기 때문에 쉽사리 잡을 수 없었습니다.

어렵사리 부임한 사이토 마코토는 적극적으로 문화통치를 펼칩니다. 조선인을 대우하고 식민지의 힘든 처지를 개선하고자 해요. 경찰도 헌병에서 일반 경찰로 바꾸고, 동아일보와 조선일보 등 신문 발행도 허락합니다. 그렇다고 진심으로 반성하고 조선인을 일본인과 동등하게 대우했던 것은 아닙니다. 경찰의 숫자를 대폭 늘리고, 조선인 하급 순사를 대거 고용해서 조선인들끼리 갈등이 커지도록 부추겼죠. 언론의 자유를 허락했지만 검열이 강해졌어요. 기사 내용을 사전에 확인해서 마음에 들지 않는 부분은 지우고 말을 듣지 않으면 발행을 중단시키거나 심지어 **폐간**시키기까지 했어요.

> **폐간**
> 신문이나 잡지를 더 이상 찍어내지 못하는 것을 말해요.

사이토 마코토는 무엇보다 친일파 육성에 최선을 다했어요. 친일파가 최대한 많이 늘어나야 한다고 생각했어요. 그래야 조선인들 간에 사이가 나빠지고 독립운동가들의 영향력이 떨어질 수 있다고 보았습니다. 이에 영향을 받은 인물이 이광수예요. 이광수는 문학가로 유명한 인물이었어요. 우리나라 최초의 장편 소설이라고 할 수 있는 《무정》이라는 작품을 썼고 1910년대 한국문학 발전에 크게 기여한 인물입니다. 한때 이광수는 임시정부에 참여하기도 했어요. 하지만 쉽게 활동을 중단하고 국내로 돌아옵니다. 그리고 얼마 후 동아일보를 통해 〈민족개조론〉이라는 글을 발표해요. 아직은 조선인들이 문제가 많기 때문에 독립보다는 인간성 개조를 위해 노력해야 한다는 주장이었습니다. 스스로 독립 국가를 이끌 수 있는 자격이 없고 그러니까 일본이 허락하는 범위 내에서 '자치'를 해야 한다고 생각했습니다. 글이 발표되자 많은 사람이 이광수를 비판했어요.

이광수의 주장대로라면 우리 민족은 일본인에 비해 열등하다는 거잖아요? 무엇이 얼마나 열등한지를 객관적으로 판단할 수도 없고 얼마나 좋아져야 독립할 자격이 생긴다는 것인지도 알 수 없었어요. 한 민족이 스스로 나라를 일구고 살아가는 것에 자격을 묻는다는 것 자체가 틀린 생각이니까요. 이광수는 계속 변해 갑니다. 처음에는 자치를 주장했지만 세월이 흐르면서 철저한 친일파가 됩니다. 일본이 일으킨 전쟁에 조선인들의 참여를 독려하고 일본의 정책에 무조건 순응했거든요. 이광수

독려
감독하며 격려한다는 뜻이에요.

같은 사람들은 한둘이 아니었습니다. 그중에는 3·1운동을 이끌었던 천도교 대표 최린 같은 사람도 있었어요. 사이토 마코토 총독이 꿈꾼 친일파 양성, 민족분열통치가 먹혀들었던 것이죠.

: 일본의 간담을 서늘하게 한 의열단 :

이때 등장한 단체가 의열단이에요. 김원봉이 중심이 되어서 만들어졌어요. 이들은 임시정부 활동에 비판적이었어요. 외교 활동을 통해 서양 열강을 설득하는 방법으로 독립을 달성할 수 있다? 불가능하다고 보았어요. 의열단은 직접 권총, 폭탄 등 무기를 갖추고 일본을 타격해야 한다고 생각했어요. 의열단은 '아나키즘'이라는 사상으로 무장했습니다. 모든 사람들은 완전한 자유에 도달해야 한다고 믿는 급진적인 사상이었는데 사회주의와 더불어서 1920년대 무척이나 인기를 끌었던 생각이에요.

의열단은 활발한 투쟁을 벌입니다. 박재혁은 부산경찰서에 폭탄을 던졌고, 최수봉은 밀양경찰서에, 김익상은 조선총독부에 폭탄을 던졌습니다. 의열단의 활동 중에 가장 유명한 사건은 김상옥의 서울 총격전이에요. 김상옥을 잡으려고 일본 경찰 수백 명이 동원되었던 사건입니다. 종로경찰서에서 폭탄이 터지는 사건이 발생했고 일본은 의열단원 김상옥을 범인으로 지목합니다. 경찰이 김상옥의 은신처를 습격하자 김상옥은 총격전을 벌이면서 탈출, 남산 일대의 숲을 가로지르며 장충단, 왕십리 등으로 이동했으나 효제동에서 경찰에게 포위되고 말아요. 경찰 수백 명이 김상옥을 잡기 위해

의열단의 활동지

출동했고 효제동에서 총격전을 벌이면서 서울 시내가 한바탕 난리가 납니다. 김상옥은 탈출하는 과정에서 맨발로 눈 덮인 숲을 걸어 다니다 발에 동상이 걸렸고, 총격전 도중에 건물을 넘어 다니다가 동상에 얼어버린 엄지발가락이 떨어져 나가고 말아요. 치열한 총격전 끝에 마지막 남은 한 발 총알로 자결하면서 사건이 마무리됩니다. 나석주도 비슷했어요. 나석주는 동양척식주식회사에 폭탄 두 발을 던졌는데 안타깝게도 한 발은 불발, 한 발은 소리만 컸습니다. 경찰이 추격해 오는 가운데 시가전을 벌이다가 자결하고 맙니다.

김지섭의 경우는 폭탄을 들고 일본에 잠입, 천황의 거처에 폭탄을 던지기도 합니다. 안타깝게도 폭탄이 터지지 않으면서 거사는 실패하고 말았습니다.

　의열단의 노력은 대부분 큰 성과 없이 끝나고 맙니다. 하지만 여파는 대단했습니다. 조선의 뜻있는 청년들이 직접 행동에 나서면서 일본을 긴장하게 만들었고 특히 김상옥의 시가전, 김지섭의 천황 거처 폭파 시도 등은 일본의 간담을 서늘하게 했습니다. 또한 조선 민중에게 '우리가 아직 싸우고 있다. 조선의 독립 운동은 지속되고 있다.'라는 것을 느끼게 해 주었죠. 의열단을 이끌던 김원봉은 한계를 느꼈습니다. 김원봉과 수많은 의열단 단원은 보다 조직적인 투쟁을 위해 중국 남부에 있던 '황포군관학교'에 입학하여 군사 교육을 받으면서 강력한 무장 투쟁 기관으로 변화하게 됩니다.

: 중국인을 감동시킨 한인애국단의 의거 :

1931년 일본은 만주사변을 일으킵니다. 일본 군대가 중국에 쳐들어가서 만주를 점령한 뒤 만주국을 세우고 '5족 협화'를 내세웠습니다. '5족 협화'란 일본인, 조선인, 중국인, 만주인, 몽골인이 함께 어우러지면서 멋진 세상을 만들어 보자는 주장이었어요. 실제로는 일본이 강력한 군대로 중국의 만주 지역을 점령한 것이지만 그럴싸한 명분을 내세운 것이에요.

　만주사변을 통해 일본은 자신들의 강력한 군사력을 자랑합니다. 또한 만주라는 새로운 땅이 생겨나면서 조선인 중에도 만주로 이주해서 농사를 짓거나 사업을 하는 등 일본에 순응하며 돈을 버는 사람이 생기기까지 해요. 전쟁을 일으켜서 남의 나라 땅을 빼앗고, 그 땅을 기회의 땅이라고 선전하면서 조선인을 길들이고 식민지를 보다 안정적으로 운영하려고 했던 겁니다.

그런데 이때 김구가 이끄는 한인애국단이 등장합니다. 당시 임시정부는 침체기였어요. 활발한 활동을 벌였지만 별다른 성과가 없었어요. 서양 열강들이 조선의 독립에 관심이 없었거든요. 간도에서의 상황도 좋지 못했어요. 청산리 대첩 이후 일본군이 간도에 쳐들어와서 평범한 민중을 공격하고, 조선인들의 집을 불태우는 등 잔혹한 짓을 일삼았습니다. 간도사변(1921)이 일어난 거예요. 독립군들은 어쩔 수 없이 간도를 떠나서 여기저기 유랑할 수밖에 없었습니다.

> **유랑**
> 일정한 거처 없이 떠돌아다니는 것을 말해요.

김구는 미주 지역에 있는 동포들에게 편지를 쓰면서 다시 한 번 간곡하게 후원을 부탁합니다. 이에 감동한 미주 지역의 동포들이 성금을 보내왔고 김구는 이 돈으로 한인애국단이라는 조직을 꾸립니다. 이때 이봉창, 윤봉길 같은 뛰어난 인재들을 만나게 돼요. 이봉창은 일본어에 능통했어요. 젊은 시절에는 독립 같은 것에는 관심이 없었고 돈을 벌기 위해 일본이나 만주 이곳저곳을 떠돌아 다녔거든요. 덕분에 일본어가 유창한 것은 물론이고 일본 가명도 세 개나 있었습니다. 이 점을 이용해서 일본에 잠입, 천황의 행렬이 지나는 곳에 폭탄을 던집니다. 안타깝게도 폭탄이 천황이 탄 마차 뒤에서 터지면서 천황은 목숨을 건집니다. 하지만 여파가 대단했어요. 도쿄 한복판에서 조선인이 일본 천황을 암살하려고 했으니까요. 특히 중국인들이 흥분했습니다. 만주 일대를 빼앗겼기 때문에 반일 감정이 대단했거든요. 어떤 신문에서는 안중근 의사가 부활했다고 했습니다.

이에 격분한 일본은 또다시 중국으로 쳐들어가요. 일본 해군이 상하이를 공격해서 점령하는 상하이 사변이 일어납니다. 그리고 상하이에서의 승리를 축하하기 위해 홍커우 공원에서 행사를 크게 열었어요. 이때 윤봉길 의사가 이곳에 잠입하여 폭탄을 던집니다. 폭탄은 단상에 제대로 떨어졌고 일본의 수많은 지도자들이 죽게 됩니다. 안중근 의사가 조선 침략의 원흉 이토 히로부미를 처단한 지 20년 만에 이에 비견되는 큰 사건이 터진 거예요. 윤봉길 의거는 세계적으로 크게 보도되었고 일본은 배후를 찾기 위해 혈안이 됩니다. 당시 중국의 지배자 장제스 총통은 감동합니다. 중국이 만주와 상하이에서 큰 어려움을 겪고 있었는데 조선인 독립운동가들이 연이어 대단한 일을 해냈으니까요.

장제스는 김구를 만났고 임시정부와 한인애국단에 지원을 약속합니다. 중국 정부의 지원을 받으면서 임시정부가 침체기를 극복해요. 임시정부는 광복군을 창설하는 등 해방이 될 때까지 활발한 투쟁을 벌입니다. 이봉창과 윤봉길이 만들어 낸 기적이라고 할 수 있습니다.

의열단과 한인애국단의 희생을 기억할 필요가 있습니다. 거사를 도모한 의열단 단원들은 대부분 체포되어서 처형을 당했고 이봉창과 윤봉길 역시 모진 고문을 받고 비참하게 처형을 당했으니

―― 김구 선생과 윤봉길 열사 ――

김구 선생이 쓴 《백범일지》에는 홍커우 공원에 폭탄을 던지러 가기 전,
윤봉길 의사가 김구 선생에게 새로 산 시계를 선물하는 장면이 나와요.
앞으로 한 시간밖에는 시계를 사용할 일이 없으니 이 시계를
김구 선생에게 선물로 주고 김구 선생의 낡은 시계를 자신이 받은 것이지요.
김구 선생은 눈물이 나오는 것을 간신히 참았다고 해요.

까요. 일본의 방해에도 불구하고 독립운동이 계속될 수 있었던 것은 이들의 목숨을 건 투쟁이 있었기 때문입니다.

중일전쟁과 충칭임시정부

작은 일본은 어떻게 세계를 상대로 전쟁을 일으켰나요?

: 영원한 강대국도 영원한 약소국도 없는 국제 관계 :

오랜만에 친구를 만났다가 기억했던 모습과 달라서 놀랐던 경험이 있나요? 초등학교 2학년 때 같은 반 친구였는데 전학을 가서 몇 년간 못 만난 친구를 다시 만났다고 상상해 봐요. 오랜만에 보니까 키도 엄청 컸고 그사이에 운동을 배워서 살도 빠지고 날렵한 모습도 보이는 등 기억과는 많이 달라 당황스럽기도 할 거예요. 시간이 흐르면서 나도 변하지만 내 주변도 변하고 친구들도 변하죠. 말수가 많았던 친구가 조용해지기도 하고, 놀기만 좋아하던 친구가 공부를 열심히 하는 모범생이 되기도 해요. 정말 좋았던 사이가 나빠지기도 하고, 나는 잘 모르겠는데 친구들이 많이 변했다고 이야기하기도 합니다. 알게 모르게 나를 포함하여 우리가 살아가는 세상이 계속 변화하기 때문이에요.

　세계도 마찬가지예요. 가난한 나라가 부강해지기도 하고, 사이좋게 지내던 나라끼리 전쟁을 벌이기도 하죠. 원래는 엄청나게 강력했던 나라인데 여러 위기를 겪으면서 별 볼 일 없는 나라가 되기도 하고요.

: 세계의 침략을 받게 된 중국 :

조선이 일본의 식민지가 된 후 여러 어려움을 겪을 때 주변 나라들은 어땠을까요? 조선이 멸망하고 2년도 안 되어서 중국에서도 전통 왕조인 청나라가 무너집니다. 청나라 역시 조선과 비슷한 과정을 겪어요. 영국은 청나라에 아편을 팔았어요. 청나라에서 생산하는 도자기, 비단, 차 등을 영국으로 수입했는데 점점 파는 물건보다 사는 물건이 많아져서 무역 적자가 심해지니까 아편이라는 마약을 몰래 들여왔던 거예요. 청나라는 이를 막으려고 했고 두 나라 사이에서 아편전쟁이 일어납니다. 영국이 승리한 후 중국 남부 지역의 홍콩을 빼앗고 상하이를 비롯하여 여러 항구를 강제로 개항시켜요.

　영국이 청나라를 이기자 프랑스, 러시아 등 서양 열강들이 청나라로 몰려옵니다. 프랑스는 영국과 함께 2차 아편전쟁을 일으켰고 러시아는 연해주를 빼앗아갑니다. 청나라와 프랑스는 베트남에 대한 지배권을 두고 싸웁니다. 이 또한 프랑스가 이겨요. 프랑스는 베트남을 비롯하여 인도차이나 반도 전체를 식민지로 만듭니다. 영국과 프랑스가 주로 중국 남부 지역에 정착했다면 러시아는 시베리아를 가로질러서 만주 쪽으로 진출해요. 연해주를 빼앗고 하얼빈을 거점 삼아서 만주 일대를 손아귀에 넣으려고 했어요. 한편 청나라는 청일전쟁에서 일본에 패배하면서 타이완을 빼앗기기도 합니다.

한때 동아시아를 호령하던 황제의 나라가 너무나 치욕적인 수모를 겪은 거예요. 내부적으로도 문제가 많았어요. 태평천국운동, 의화단운동 같은 민란이 일어났어요. 나라를 살리기 위해 다양한 개혁이 시도되지만 성공적이지는 못했습니다.

이 와중에 쑨원이라는 사람이 등장합니다. 그는 삼민주의를 주장했어요. 삼민주의란 민족주의, 민권주의, 민생주의를 합친 말이에요. '만주족을 몰아내고 한족 중심의 국가를 건설해야 한다! 신분제를 없애고 황제가 없는 민주공화국을 만들어야 한다! 그리고 국민들이 행복하며 불평등하지 않은 좋은 사회를 건설해야 한다!'고 주장했지요. 쑨원을 중심으로 혁명운동이 시작되었고 민중의 지지 가운데 신해혁명이 일어납니다. 청나라가 역사 속으로 사라졌고 2,000년 넘게 유지되어 오던 황제 지배 체제 또한 없어지게 됩니다. 조선이 식민지로 전락할 때 중국은 신해혁명을 통해 '중화민국'이라는 나라로 변화하게 된 거예요.

하지만 중화민국은 너무나 혼란스러웠어요. 군벌이 등장했거든요. 과거 청나라 군대를 나누어 가진 장군들이 여러 지역을 점령한 후 온갖 행패를 부렸어요. 국민에게 과중한 세금을 걷고, 서양 열강의 불평등 조약을 받아들이기까지 했어요. 이러한 혼란을 이용해서 일본이 적극적으로 중국을 침

> **군벌**
> 군인들이 조직한 정치 세력을 말해요.

략합니다.

군벌한테 밀려났던 쑨원과 혁명파는 국민당을 결성하고 중국 남부에서 힘을 기릅니다. 우리나라에서 3·1운동이 일어났듯 중국에서도 5·4운동이 있었어요. 베이징대학교 교수와 학생들을 중심으로 중화민국의 혼란을 극복하려는 노력이 계속되었는데 마침 3·1운동이 일어나자 크게 자극을 받아요. '조선을 보라! 식민지가 된 나라에서도 저렇게 노력을 하는데 우리 또한 분연히 일어나서 군벌과 열강을 몰아내야만 한다!'는 생각이 퍼지게 돼요. 민중의 강력한 개혁 의지와 국민당의 노력에 힘입어 1926년에 비로소 '북벌'이 감행됩니다. 북벌의 기초를 놓은 쑨원은 죽게 되고 후계자 장제스가 주도해요. 중국 남부에서 힘을 기른 국민당이 군대를 끌고 북쪽으로 진군하면서 군벌 정권을 몰아내기 시작한 거예요. 중국 민중들은 국민당을 적극적으로 도왔어요. 북벌이 성공하면서 군벌의 힘이 약해지고 중국은 차츰 안정을 찾게 됩니다. 여전히 서양 열강과 일본의 침탈이 계속되었고 내부적으로 문제도 많았지만, 독립을 유지하면서 발전을 도모했습니다. 우리나라의 독립운동가들도 중국의 도움을 많이 받았습니다. 김원봉과 의열단 단원들이 입학했던 황포군관학교는 국민당의 군사학교였거든요. 윤봉길 의거 이후 임시정부를 지속적으로 후원했던 인물 역시 중화민국의 총통 장제스였고요. 중국이 독립을 유지했고 서양 열강과 일본에 적대적이었기 때문에 독립운동가들이 활동하기에 좋았답니다.

: 동아시아 전체를 전쟁터로 만든 일본 :

중국이 중화민국이라는 민주공화국으로 발전하고 있던 시절에 일본은 정반대의 길로 나아갑니다. 1868년 일본은 '메이지유신'을 통해 아시아 최초로 근대국가가 됩니다. 일본은 오랫동안 무사 중심의 사회였잖아요? 메이지유신을 통해 무사 계급이 사라집니다. 신분제도 없어지고 영국, 프랑스 같은 근대국가가 돼요. 다만 영국에 여왕이 있는 것처럼 일본도 천황은 그대로 둡니다.

하지만 일본은 적극적인 민주주의를 실천하지 않았어요. 영국, 프랑스 같은 유럽 국가들에서는 시민혁명이 있었잖아요? 시민들이 분연히 일어나서 왕을 몰아내고, 신분제를 없애는 등 많은 노력을 하면서 민주주의가 발전했어요. 하지만 일본의 경우 소수의 지도자들이 메이지유신을 일으켰기 때문에 근대국가가 되었음에도 불구하고 민주주의가 발전하지는 않습니다. 일본의 경우 제국주의에 적극적이었어요. 서양 열강이 아시아, 아프리카에서 식민지를 확대하며 부강해졌듯, 일본도 식민지를 만들어야 한다고 생각했습니다. 앞에서 살펴본 것처럼 동학농민운동을 빌미로 청일전쟁을 일으켰잖아요? 청나라에 승리를 거둔 일본은 타이완을 식민화합니다. 일본 최초의 식민지가 타이완이었어요. 타이완을 중심으로 동남아시아로 진출하려는 계획이었죠. 그리고 러일전쟁에서 승리하면서 조선을 식민화했고요. 타이완과 조선을 식민화하고 나니 마치 일본의 식민지가 중국을 포위하고 있는 모습이 되었습니다.

그렇다고 일본이 무작정 식민지를 늘리기 위해 전쟁을 벌인 것은 아닙니다. 나름대로 민주주의가 발전하고 일본의 수도 도쿄에 온갖 서구의 문물이 소개됩니다. 아시아의 수많은 청년이 도쿄로 유학을 와요. 신해혁명을 주도했던 근대 중국의 아버지 쑨원, 베트남 독립운동에 앞장을 섰던 판 보이 쩌우 등은 모두 도쿄에서 활동했습니다. 일본을 배우면서 일본처럼 강해지고 싶었고, 일본을 통해 세계의 동향을 파악하고 서양 열강을 이해하고자 했던 겁니다. 식민지 조선에서도 많은 유학생이 도쿄에 왔고 이곳에서 다양한 사람들을 만나면서 변화하는 세계를 이해하고자 했습니다. 일본을 통해 사회주의, 아나키즘 같은 서양의 급진적인 사상도 소개가 되었어요. 노동자 계급의 해방을 꿈꾸었던 사회주의, 개인의 절대적인 자유를 원했던 아나키즘이 알려졌고 식민지 조선, 중국, 베트남 등 아시아 젊은이들의 마음을 사로잡았답니다.

하지만 1930년대가 되면 일본은 극우파들이 주도하는 전쟁국가가 되고 말아요. '오직 천황만이 위대하고 천황을 위해 대일본제국을 발전시켜야 한다! 민주주의, 사회주의, 아나키즘과 같은 사상은은 위험하다! 강력한 군대를 키워서 중국과 아시아를 점령해야 한다!'는 식의 극단적인 생각이 유행을 했습니다. 이런 흐름을 특히 군인들이 좋아했어요. 결국 1931년 만주사변이라는 침략전쟁이 일어납니다. 그리고 1937년에는 중일전쟁을 일으킵니다.

> **파죽지세**
> 거침없이 물리치고 쳐들어가는 모습을 뜻해요.

일본이 중국을 침략하게 되면서 동아시아 일대가 전쟁터가 되었어요. 일본군은 파죽지세로 중국군을 물리쳤어요. 하지만 중국 민중은 거세게 저항했습니다. 중국 국민당은 수도를 중국 내륙인 충칭으로 옮긴 후 항쟁을 계속했습니다. 이때 대한민국임시정부는 국민당과 함께 충칭으로 근거지를 옮깁니다. 이곳에서 다양한 독립운동 세력을 통합했고 한국광복군을 창설해요. 일본에 선전포고를 했고 아시아 여러 곳에서 일본군과 싸움을 벌입니다.

하지만 싸움은 쉽게 끝나지 않았어요. 유럽에서는 히틀러가 이끄는 나치 독일과 무솔리니의 이탈리아가 제2차세계대전을 일으킵니다. 독일이 탱크 같은 기갑부대를 활용해서 단숨에 네덜란드와 프랑스를 점령해요. 네덜란드, 프랑스가 무너지니까 베트남을 비롯해서 동남아시아를 지배하던 나라들이 사라지게 되었어요. 일본은 이 틈을 타 군대를 끌고 동남아시아에 쳐들어갑니다. 중국과 전쟁을 계속하면서 동남아시아까지 점령한 거예요. 미국이 일본의 침략을 비판하자 일본은 하와이를 공격해요. 태평양을 가로질러 하와이 앞바다 진주만에 정박해 있던 미 해군을 공격합니다. 이때부터 미국과 일본의 태평양전쟁이 시작됩니다. 전 세계가 끔찍한 전쟁의 화마에 휩싸이게 된 거예요.

일제 36년과 인권 **유린**

왜 나라를 떠나 외국에서 사는 거에요?

: 유태인의 비극 :

《안네의 일기》를 읽어 본 적이 있나요? 안네라는 유태인 소녀가 쓴 일기인데 세계적으로 유명한 작품이 되었습니다. 일본이 극우파가 주도하는 전쟁국가가 되었듯이

> **유린**
> 남의 권리나 인격을 짓밟는 일을 말해요.

유럽에서는 독일과 이탈리아가 비슷한 과정을 겪게 돼요. 특히 독일에서는 히틀러가 등장해서 유태인들을 말살해야 한다고 주장했어요. 유태인들은 오랜 기간 나라 없이 유럽 곳곳을 떠돌이처럼 돌아다니면서 살았기 때문에 고생을 많이 했습니다. 툭 하면 유럽인들이 '유태인 탓'을 하며 유태인을 괴롭혔어요. 천재지변이 일어나면 '유태인 탓', 경제가 어려워지면 '유태인 탓' 모든 것이 저 못되

고 못난 유태인 때문이라는 거죠. 권력을 잡은 히틀러는 무려 800만 명에 가까운 유태인을 가스실에 몰아넣고 죽였습니다. 참으로 끔찍한 인권 유린이라고 할 수 있습니다. 이런 일은 정말로 다시는 일어나선 안 되겠죠?

: 고향을 떠나 이주할 수밖에 없었던 이들 :

한국 사람이 제일 좋아하는 시인은 누구일까요? '윤동주'가 가장 먼저 떠오를 것 같아요. 〈서시〉, 〈별 헤는 밤〉 같은 시가 아주 유명하죠. 윤동주는 간도 용정에서 태어나서 대학생 때 서울로 유학을 와서 연희전문학교에서 국문학을 전공합니다. 이후 일본으로 유학을 떠났지만 독립운동 혐의로 체포가 되어서 27세라는 젊은 나이에 죽고 말아요.

윤동주의 할아버지는 함경북도 사람이었어요. 조선 말기 대기근이 여러 차례 함경도를 휩쓸었기 때문에 이민을 결심합니다. 마을에 다섯 가문이 의기투합을 해요. 돈을 모아서 간도 일대에 땅을 사고 수십 명의 사람들이 집단 이주를 했어요. 간도에서 농사를 짓고 조선인끼리 돈을 모아 학교를 세우고 자녀들을 교육했습니다. 비단 윤동주의 집안뿐 아니라 많은 사람이 간도로 넘어갔답니다. 지금도 간도 일대에는 약 200만 명 정도의 조선족이 살고 있고 당시에도 수십만의 조선인들이 간도에 정착해서 자신들만의 공동체를 일구었습니다. 만주에서는 불가능하다고 여겼던 쌀농사에 성공하여 중국인들의 인정을 받기도 했죠. 먹고살기 위해 청나라 땅인

서시

윤동주

죽는 날까지 하늘을 우러러
한 점 부끄럼이 없기를,
잎새에 이는 바람에도
나는 괴로워했다.
별을 노래하는 마음으로
모든 죽어 가는 것을 사랑해야지
그리고 나한테 주어진 길을
걸어가야겠다.

오늘 밤에도 별이 바람에 스치운다.

간도까지 왔지만 조선과 멀지 않은 곳이었고 더구나 일본에 의해 조선이 식민지가 되니까 민족의식이 투철해질 수밖에 없었어요. 강한 민족의식을 가진 조선인들이 간도에 많이 살았기 때문에 수많은 독립운동가들이 간도에서 활동할 수 있었습니다.

시인 윤동주는 간도로 이주해 온 조선인들의 개척 정신과 투철한 민족의식에 영향을 받으며 성장했어요. 적극적으로 독립운동에 참여하지는 못했지만 고뇌하고 방황했고, 이 괴로움을 시로 남겼답니다. 한글로 시를 썼고 솔직담백하면서도 진지한 청년의 고뇌가 시대를 넘어 오늘날에도 사랑을 받고 있습니다.

간도 못지않게 연해주에도 많은 조선인들이 이주했습니다. 러시아가 청나라로부터 연해주를 빼앗았는데 워낙 추운 땅이었기 때문에 사람들이 거의 살지 않았어요. 그런데 조선인들이 넘어와서 쌀농사에 성공을 하고 마을을 이루게 되니까 러시아는 이를 반겼습니다. 조선인들에게 땅을 나누어 주는 등 이민 사업을 후원했어요. 러시아의 지원 가운데 많은 조선인들이 연해주에 정착을 하자 이곳에서도 독립운동이 활발해졌습니다. 그중에서 가장 유명한 인물은 최재형이었습니다. 일찍 연해주에 정착을 했고 러시아인들과 좋은 관계를 유지하면서 사업에서 큰 성공을 거두었습니다. 최재형은 적극적으로 독립운동을 주도했어요. 안중근의 거사 또한 그의 지원이 있었다고 해요. 사업 수완도 뛰어났고 민족의식이 투철했기 때문에 임시정부 초대 재무총장에 선임되기도 했습니다. 봉오동 전투, 청산리 대첩이 간도에서 일어났기 때문에 많은 사람들이 간도만 기억하지만 연해주 역시 독립운동가들에게 있어서 중요한 곳이

었습니다.

　조선 말기에 하와이를 비롯하여 샌프란시스코, 맥시코 등 미주로 이민을 가는 이들도 있었어요. 당시 미국에서는 사탕수수 농장, 철도 건설 등으로 많은 노동력이 필요했어요. 중국인들이 먼저 이민을 갔는데 일본인과 우리나라 사람들도 점차 이민을 가게 되었습니다. 미국인 사업가들이 대한제국 정부에 요청해서 한 번에 수백 명씩 이민을 떠났어요. 모두 남자들이었죠. 사탕수수 농장과 철도 건설 현장에서 하루에 10시간도 넘게 일하고 월급도 적게 받았어요. 심지어 황인종이라고 무시를 당하기 일쑤였습니다. 지금에야 국제결혼도 하지만 당시에는 그런 일이 거의 없었어요. 이들은 결혼을 하기 위해 본국의 친척들에게 부탁을 합니다. 결혼을 하려면 직접 만나 봐야 하는데 오가기에는 너무 먼 거리였고 경제적으로도 어려웠기 때문에 '사진'을 이용합니다. 친척들이 이민을 간 남성 노동자의 사진을 보여주며 신붓감을 구한 거예요. 여성들도 결혼을 결정해야 했어요. 사진만 보고 결혼을 결정한 여성들이 배를 타고 **이역만리** 미주 지역에서 신랑을 만납니다. 후회하는 경우가 많았다고 해요. 젊은 시절 사진을 보내 속이거나, 고단한 노동으로 인해 얼굴이 많이 상했기 때문에 신부들이 기대했던 것과는 전혀 다른 남자들이 마중을 나왔던 거예요. 하지만 신부들 또한 경제적으로 너무나 어려웠기 때문에 예정대로 남자들과 결혼을 하며 미주 지역에 정착합니다.

　미주 지역에 정착한 이들은 독립운동 자금을 마련하는 데 큰 역

> **이역만리**
> 다른 나라의 아주 먼 곳을 뜻해요.

할을 했습니다. 이승만, 안창호 등이 미주 지역 교민들의 지원을 받으며 독립운동을 이어갔고 특히 임시정부가 도움을 많이 받았어요. 임시정부를 세울 때도 그랬고 김구가 이봉창, 윤봉길 등과 한인애국단을 결성할 때도 미주 교민들의 지원이 컸습니다. 이 밖에도 중국 상하이, 프랑스 파리 등 세계 곳곳에 한인들이 정착했고 많은 이들이 독립운동을 적극적으로 도왔답니다.

: 사회 곳곳에서 일어난 다양한 인권 운동 :

1920년대가 되면 사회주의, 아나키즘 같은 새로운 사상이 유행하면서 조선인 사이에서 분열이 생겨요. 민족의 해방을 중요하게 여기는 민족주의 진영과 노동자의 해방을 강조하는 사회주의 진영 간의 갈등이 커졌어요. 개신교, 천도교 등 종교인들이 독립운동을 활발히 했는데 사회주의자들이 종교를 부정적으로 보면서 사이가 나빠지기도 했고요. 이러한 갈등을 해결하기 위해 만들어진 단체가 신간회예요. 서로 다른 생각을 하고 있더라도 함께 소통하면서 차이를 극복하려는 노력을 했던 거예요. 일본이라는 공통의 적 앞에서 연대해야 한다는 생각이었습니다.

같은 시기 여성운동도 활발해졌어요. 조선 시대 때는 유교 윤리가 강조되면서 남존여비, 즉 남자는 소중하고 여자는 무시해도 된다는 생각이 크게 퍼져 나갑니다. 여성들은 직업을 가질 수 없었고 사회활동도 할 수 없었죠. 아들을 낳지 못하면 구박을 받고 심지어 남편이 아내를 구타하는 일도 자주 있었어요. 사실 조선 시대에만 그랬던 것은 아니에요. 청동기 시대 이후 줄곧 역사는 남성 중심으로 발전했답니다. 한편에서는 귀족-평민, 양반-상놈 같은 신분제가 만들어졌고 다른 한편에서는 가부장 사회가 굳건해지면서, 철저하게 남성들만 권력을 쥐고 사회 활동을 했거든요.

이런 것이 문제라고 인식하고 고쳐나가려는 흐름은 유럽에서 먼저 시작되었어요. 여성들에게도 투표할 권리를 달라고 하는 참정권운동이 시작되었죠. 우리나라에도 조선 말기부터 이런 흐름이 등장합니다. 여학교가 생기고 근대 교육을 받으면서 간호사, 교사 등 직업을 가진 여성들이 등장하게 됩니다. 남녀차별을 비판하고 여성의 권리를 주장하는 단체들도 만들어졌고 나혜석 같은 뛰어난 여성 문학가가 나타나기도 합니다.

이 밖에도 국채보상운동, 물산장려운동 같은 것도 있었습니다. 국민들이 열심히 모금을 해서 나라 빚을 갚고 대한제국을 지키자는 운동이 국채보상운동입니다. 물산장려운동은 국산품 애용 운동이에요. 일본 제품만 쓰지 말고 조선인들이 만든 제품을 사용하자는 활동이었습니다. 그래야 조선인이 만든 공장과 회사가 번성하게 되고 그만큼 돈도 벌고 실력도 기르면서 독립을 앞당길 수 있다고 생각한 것입니다. 국채보상운동과 물산장려운동은 실패로 끝나고 말아요. 국민이 모은 돈으로 갚기에는 국가 빚이 너무 많았고, 조선인들이 만든 제품이 많지도 않았을 뿐더러 일본 제품에 비해 질이 떨어지는 것이 많아서 운동이 성공적이지 못했습니다. 하지만 민중 스스로 노력해서 사회 문제를 해결하려는 태도는 우리 역사에 큰 영향을 주게 됩니다. 지금도 국산품을 선호하고, 해외의 유명한 기업과 경쟁하며 한국산 제품이 성공을 거두는 것이 이러한 문화에서 출발했다고 할 수 있어요.

:전쟁국가 일본의 끔찍한 만행:

하지만 중일전쟁이 일어난 후 상황은 빠르게 나빠집니다. 일본은 무리하게 전선을 확대했어요. 중국과의 전쟁에서 승리를 거두지 못한 채 동남아시아를 점령했고 다시 미국과 전쟁을 일으켰으니까요. 전쟁을 수행하기 위해 과격한 행동을 일삼았어요. 조선인들 수백만 명을 강제로 동원합니다. 200만 명이 넘는 사람들을 일본, 동남아시아, 태평양의 여러 섬에 끌고 가서 석탄을 채굴하게 하고, 다리를 놓게 하고, 때에 따라서는 전쟁에 내보내 총알받이로 활용하기도 했습니다. 나무로 만든 가짜 총을 쥐어 주고 적군이나 탱크 앞에 몰아넣을 정도였으니까요. 국내에 있던 사람들도 강제로 땅굴을 파고, 공장을 짓는 등 말할 수 없는 고생을 했습니다. 월급도 주지 않은 것은 물론, 형편 없는 식사를 제공하고 불결한 잠자리에서 자게 했습니다. 그런데도 일은 너무나 많이 시켰기 때문에 많은 사람이 노동을 하다가 죽기까지 했습니다.

　일본은 끔찍한 짓도 많이 저질렀어요. 1923년에 도쿄를 중심으로 일어난 관동대지진 때문에 많은 사람이 죽었거든요. 지진 때문에 화재가 일어나서 10만 명이 넘는 사람들이 죽었어요. 그런데 화재의 원인이 지진이 아니라 조선인들이 불을 질렀기 때문이라는 소문이 나면서 일본인들은 조선인들에게 분풀이를 했답니다. 이때 희생된 조선인이 약 1만 명에 가까웠다고 해요. 일본군은 중일전쟁 당시 중국 난징에 쳐들어가서 약 3개월 동안 30만 명에 가까운 중국인들을 죽이기도 해요. 당시 난징에는 중국군이 철수한 뒤 피난 가지 못했던 사람들만 남아 있었는데 이들을 대상으로 끔찍한 인권 유린을 벌였습니다. 1945년 일본이 패망할 때까지 약 7년간 우리나라뿐 아니라 중국, 동남아시아 등 아시아인들이 크게 고통을 겪게 됩니다. 전쟁 국가가 된 일본의 끔찍한 만행이었습니다.

1945년 해방과 분단

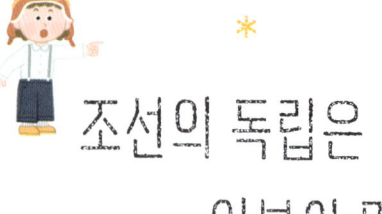

조선의 독립은 일본이 망해서 저절로 이루어진 걸까요?

: 두 개의 나라로 갈라지고 만 한민족 :

고대, 중세, 근대, 현대. 이런 구분을 들어 본 적이 있을 거예요. 고대는 아주 오래된 옛날이야기, 중세는 그냥 오래된 이야기 정도로 생각하면 될 것 같아요. 고조선부터 삼국시대까지가 고대, 고려와 조선을 중세 정도로 나눌 수 있습니다. 그러면 근대와 현대는 언제를 말할까요? 합쳐서 근현대사라고도 하잖아요? 보통 근대는 조선 말기부터 일제강점기까지를 이야기해요. 흥선대원군, 고종과 명성황후 그리고 안중근, 안창호, 김구, 윤봉길 같은 분들이 활약했던 시간입니다. 현대는 1945년 해방 이후 대한민국의 역사라고 생각하면 돼요. 근대국가가 되지 못하고 식민지로 지냈던 시간을 근대, 우리 스스로 만든 나라인 대한민국의 역사를 현대로 구분하면

됩니다. 하지만 해방 이후 한반도는 남한과 북한으로 분단되었잖아요? 우리 스스로 나라를 만들기는 했지만 이념 갈등 때문에 두 개의 나라로 나뉘어서 발전한 시기를 현대라고 이해할 필요도 있습니다.

: 일본의 패망과 우리나라의 독립 :

1945년 8월 15일 일본은 미국과의 태평양전쟁에서 패배합니다. 일본이 미국의 하와이 진주만을 폭격한 후 4년간 치열하게 싸웠어요. 전쟁 초기에는 잠시 일본이 우세했지만 미드웨이 해전 이후 일본은 급속도로 힘을 잃어가요. 태평양전쟁은 바다에서 섬과 항공모함을 이용해 싸웠던 전쟁이에요. 전투에서 비행기가 중요해졌기 때문입니다. 섬이나 항공모함에서 출발한 비행기가 적을 공격하고 돌아오는 방식이었어요. 그전까지만 하더라도 바다에서는 거대한 대포가 중요했어요. 커다란 배에 강력한 대포를 싣고 바다를 항해하며 적을 공격했거든요.

그런데 제1차세계대전 이후 폭탄을 설치한 비행기가 하늘을 날아가서 배를 공격하는 방법이 개발된 거예요. 놀랍게도 거대한 전함이 폭탄 한두 발에 격침되고 말았어요. 그러다 보니 여러 나라들이 앞다투어 항공모함을 만듭니다. 비행기 수백 대를 배 위에 싣는 새로운 형태의 항공모함이 등장한 거예요. 항공모함은 대포로 무장한 전함들이 호위합니다. 항공모함도 중요하지만 섬도 중요했어요. 섬에다가 공항을 만들어 두면 항공모함과 섬 사이를 오가며 비행기가 전투를 할 수 있었으니까요. 일본과 미국이 격돌한 태평양 전쟁에서는 이런 방식으로 싸웠습니다. 미국은 꾸준히 승리를 거두면서 일본군을 몰아냈어요. 남태평양에서 일본군을 몰아낸 후 필리핀에서 격전을 벌입니다. 필리핀에서의 승리가 결정적이었어요. 동남아시아에 주둔하고 있던 군대가 무너지면서 일본은 군인도 무기도 부족한 상황이 됩니다. 이때부터 일본은 '카미카제'라고 불리우는 자살특공대를 조직해서 끔찍한 전투를 벌이기도 해요. 연료를 조금 실은 비행기가 미군 배로 날아가서 직접 들이받는 방식이었어요. 비행기라고는 하지만 부품도 빠져 있고 무기도 없는 고철덩어리였는데 조종사가 간신히 운전해서 자폭으로 공격하는 방식이었습니다.

　섬에서의 싸움도 갈수록 격렬해졌습니다. 해군이 패배하면 육군이 섬을 지키기 위해 방어전을 펼치게 돼요. 미군이 상륙한 후 공격해 오면 치열하게 전투를 벌입니다. 그러다가 패배할 것 같으면 집단으로 자결합니다. 이길 수 없다고 판단이 되면 항복을 하면 되는데 천황을 위한답시고 극단적인 선택을 했던 거예요. 군인들만 죽는 게 아니라 섬에 살았던 평범한 사람들에게도 죽음을 강요했어요. 끔찍한 행동을 보는 미군도 스트레스가 컸습니다. 이런 극단적인 저항에도 불구하고 일본은 전투에서 계속 패배했습니다. 이오니아 섬을 빼앗기고, 오키나와를 빼앗겼습니다. 미군이 일본 열도 근처까지 오게 된 거예요.

　이즈음에 제2차세계대전도 끝납니다. 유럽에서 독일과 이탈리아가 패망한 거예요. 유럽에서의 전쟁도 끔찍하기 짝이 없었어요.

전쟁 초기에 독일은 승승장구합니다. 경쟁국가인 프랑스를 단숨에 제압하고 주변에 있는 작은 나라들을 점령했어요. 영국만이 홀로 간신히 버티는 수준이었죠. 하지만 독일이 소련을 공격하면서 문제가 생깁니다. 러시아가 공산국가가 되면서 소련으로 이름이 바뀌었죠. 독일군은 레닌그라드, 스탈린그라드 등 소련의 핵심 도시를 공격해요. 초기에는 소련군이 패배했어요. 하지만 소련군은 끈기 있게 독일군의 공격을 막아냈고 전세가 서서히 뒤바뀝니다. 그리고 미국이 참전하면서 독일은 양쪽에서 공격을 받게 돼요. 결국 이탈리아가 먼저 항복을 하고, 독일이 무너지게 됩니다.

동맹국이었던 독일과 이탈리아가 무너지자 일본은 외로운 처지가 됩니다. 더구나 미군이 오키나와를 점령한 후 대규모의 항공작전을 벌여요. 수백 대의 전투기가 도쿄 하늘에 나타나서 엄청난 양의 폭탄을 투하했어요. 도쿄 전체가 불타게 되고 수만 명의 사람들이 죽었죠. 패망하기 직전이었어요. 하지만 일본은 고집을 부립니다. 끝까지 항복하지 않겠다면서 일본 본토는 물론이고 한반도 남부 지대에 땅굴을 파고 대규모 군사 시설을 만들어요. 한반도 또한 포기하지 않겠다는 생각이었어요. 미국은 소련에 일본을 공격해 달라고 요청해요. 일본은 소련의 참전을 어떻게 해서라도 막으려고 하지만 실패합니다. 독일과의 싸움에서 승리한 소련은 군대를 돌려서 만주 일대의 일본군을 공격하죠. 남쪽으로는 미군, 북쪽으로는 소련군. 그리고 미국은 히로시마와 나가사키에 핵폭탄 투하를 결정합니다. 어마어마한 파괴력을 자랑하는 신무기가 사용된 거예요.

── 태평양전쟁에서 일본과 미국의 싸움 ──

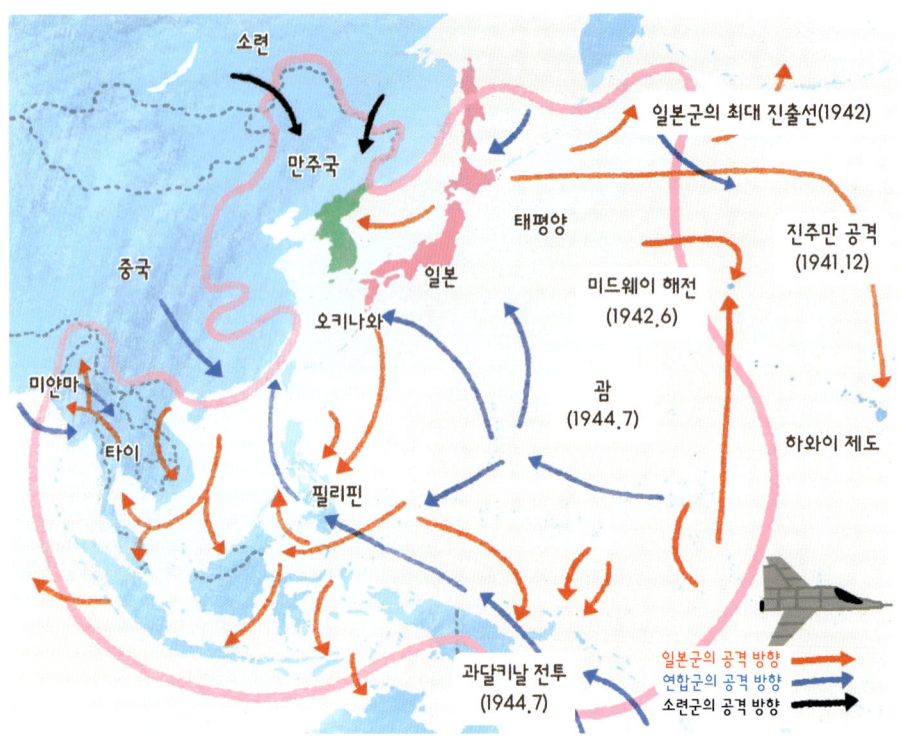

　사실 제1차세계대전 초기에만 하더라도 전투 방식은 단순했습니다. 공군 없이 해군은 대포를 사용했고 육군은 기관총, 소총, 대포를 사용했어요. 무기가 몇 개 없었던 거죠. 하지만 1914년 유럽에서 일어난 제1차세계대전에서 큰 변화가 일어납니다. 이때도 전쟁을 일으킨 나라는 독일이었어요. 독일과 프랑스가 치열하게 싸워요. 프랑스는 독일의 침략을 막아내기 위해서 거대한 참호를 만듭니다. 적군의 침략을 막기 위해 길게 땅을 파고 철조망을 세웠어요.

> **참호**
> 몸을 숨기면서 적과 싸우기 위해 판 구덩이를 뜻해요.

기존의 무기로는 참호를 뚫을 수가 없었습니다. 총을 들고 달려가다 보면 참호에 숨어 있는 군인들이 쏜 총에 맞아 죽거나 철조망을 넘으려다 죽을 수밖에 없었어요.

어떻게 하면 참호를 뚫을 수 있을까 하는 고민 끝에 탱크가 개발됩니다. 무쇠로 만든 강력한 철 덩어리 자동차가 참호를 뚫어 버린 거예요. 탱크가 개발되자 기갑전이 시작돼요. 탱크끼리의 싸움이 벌어진 거죠. 비행기끼리의 전투도 이때 시작이 돼요. 비행기가 하늘에서 정찰을 하면 적군이 어디에 숨어 있고, 어떤 작전을 벌이려고 하는지를 쉽게 알 수 있거든요. 이를 막기 위해 비행기도 무장을 합니다. 기관총과 폭탄을 싣고

> **정찰**
> 작전에 필요한 자료를 얻어내려고 살피는 것을 뜻해요.

적비행기와 싸우는 거예요. 비행기가 하늘에서 폭탄을 떨어뜨리는 폭격도 이때 시작되었어요. 독가스도 발명이 되는 등 1차세계대전은 전쟁의 방식을 바꾸어 버립니다.

제2차세계대전 때는 이런 흐름이 더욱 강해졌어요. 폭격기가 개발되었고 미사일도 등장합니다. 그리고 전쟁 막바지에 드디어 핵폭탄이 만들어져요. 어떤 무기와도 비교할 수 없는 파괴력을 지닌 무기가 등장한 겁니다. 폭탄이 투하된 히로시마와 나가사키에서는 단 한 발의 폭탄으로 10~20만 명이 죽게 돼요. 결국 일본은 항복합니다. 그리고 드디어 36년 만에 한반도도 해방을 맞이하게 되었습니다.

: 치열한 독립운동이 성취해 낸 것 :

그런데 흥미로운 일이 있었어요. 미국과 영국, 중국과 소련은 전쟁이 끝나기도 전에 한반도의 해방과 조선의 독립을 보장했거든요. 대서양헌장이라는 공식 문서를 작성하기까지 했어요. 대서양헌장은 일본, 독일, 이탈리아를 무너뜨린 후에 세계질서를 어떻게 만들어 갈 것인가를 정리한 문서예요. 강대국끼리 합의를 보았던 중요한 내용입니다. 당시 아시아, 아프리카에는 수많은 식민지가 있었는데 오직 한반도만을 콕 집어서 독립을 보장합니다. 신기하죠? 독립운동의 성과입니다. 일본이 지배하고 있는 동안 정말 치열하게 싸웠잖아요? 특히 임시정부의 외교전이 빛을 발한 거예요.

중국은 청나라에서 중화민국으로 바뀌었고 일본과 치열하게 싸웠습니다. 중국 국민당이 충칭으로 옮겨 와서 항전할 때 임시정부도 이곳으로 옵니다. 임시정부는 일본에 선전포고를 했고 대한민국 건국강령도 발표합니다. 건국강령이란 일본을 무너뜨린 후 만들어 갈 새로운 나라에 대한 설계도였는데 당시 모든 독립운동가들이 찬성했어요. 건국강령을 보면 중요한 내용이 많이 나옵니다.

① 자유와 평등을 보장하는 민주공화국을 만들겠다.
② 노동자의 삶을 윤택하게 하겠다.
③ 일반 국민을 위한 체계적인 사회복지제도를 설계하고 특히

노인, 어린이 같은 사회적 약자들을 보호하겠다.
④ 남녀차별 문화를 없애고 여성을 존중하겠다.
⑤ 토지 제도를 개혁해서 농민들에게 땅을 나누어 주고, 주요 산업을 국가가 관리하면서 경제가 성장하도록 노력하겠다.

　말 그대로 뜨거운 건국 의지를 드러낸 조항들이었습니다. 한편 임시정부는 미국의 지원을 받으면서 특수 부대를 양성했어요. 특수 훈련을 받은 광복군은 인도나 미얀마 같은 곳에서 영국군과 함께 싸우기도 합니다. 특히 광복군은 미군과 함께 한반도에 침투하는 국내 진공 작전을 준비합니다. 안타깝게도 일본이 일찍 항복을 하면서 이 작전은 무산되고 말아요.

　한편 임시정부는 중국 정부를 적극적으로 설득하는 외교전을 펼칩니다. 당시 미국과 영국은 중국에 관심을 보였어요. 김구, 조소앙 등은 장제스 총통을 만나서 미국과 영국이 한반도의 즉각적인 독립을 허락하도록 집요하게 요청합니다. 장제스가 이를 받아들였고 미국의 루스벨트 대통령, 영국의 처칠 수상을 설득해요. 이러한 노력 끝에 대서양헌장에 한반도의 독립이 보장된 거예요.

　우리의 힘으로 완전한 해방을 이루지는 못했지만 치열한 노력이 있었기 때문에 열강들이 독립을 인정해 주었다고 보면 좋을 것 같습니다. 드디어 기다리고 기다리던 해방이 된 것입니다. 우리가 우리의 나라를 세울 수 있고 우리 모두가 자유롭고 평등하게 살 수 있는 기회를 당당하게 획득하게 된 거예요.

1948년
남한 총선거를 통해 초대 대통령으로 이승만이 뽑혔어요.

1882년
사회주의를 주장한 북의 남침으로 남과 북이 전쟁을 시작했어요.

1950년
이승만 정권의 독재에 대항해 시민들이 혁명을 일으켰어요.

1961년
육군 소장 박정희가 쿠데타를 일으켜 대통령이 되었어요.

1962년
나라 경제를 살리기 위한 구체적인 계획을 세우고 발표했어요.

1987년
전두환 군사 정권에 맞서 전국적인 민주화 운동이 일어났어요.

2000년
김대중 대통령과 김정일 국방위원장이 만나 평화를 위해 노력하자고 약속했어요.

이념 갈등

남과 북은
왜 갈라진 거예요?

: 작은 다툼이 큰 다툼으로 :

학교 생활을 하다 보면 친구들끼리 싸우는 경우가 있잖아요? 말싸움 정도에서 그치지 않고 주먹질을 한다든지, 일방적으로 친구를 괴롭혀서 학교폭력위원회가 열리기도 해요. 친구들끼리의 싸움이 부모 간의 다툼이 되는 경우도 있습니다. 싸우는 이유는 여러 가지일 거예요. 한쪽이 일방적으로 잘못하는 경우도 많을 거고요. 문제의 원인을 고쳐야만 해결되는 경우도 많죠.

만일 사소한 불편함이 큰 문제가 되거나 작은 사건 때문에 서로를 미워하다가 큰 사건으로 번지는 경우에는 어떻게 해야 할까요? 대화를 통해 서로를 이해하고, 각자의 잘못을 인정하면서 용서할 건 용서하고 사과할 건 사과하며 문제를 잘 풀어야겠죠. 하지만 그

> **적반하장**
> 잘못한 사람이 잘못 없는 사람을 도리어 나무라는 것을 뜻해요.

렇지 못한 경우가 정말 많은 것 같아요. 잘못을 해 놓고 적반하장인 경우도 많고, 감정을 조절하지 못해서 상대를 비난하거나 공격하는 경우도 많고요. 그러다 보면 갈등이 오래갈 수밖에 없고 그만큼 마음의 상처가 커질 수밖에 없습니다. 국가나 사회도 마찬가지예요. 구성원 간의 미움과 증오가 커질 때 안타까운 일이 발생할 수도 있답니다.

: 마침내 찾아온 광복과 이념 갈등 :

1945년 8월 15일. 누군가는 광복이라고도 하고 누군가는 해방이라고도 합니다. 어떤 용어를 사용하건 드디어 일제로부터 우리 민족이 독립했다는 사실 만큼은 분명하겠죠. 무려 36년이라는 긴 시간 동안 일본에 의해 지배를 받았으니 얼마나 기뻤을까요. 수많은 조선인들이 길거리로 뛰쳐나와 만세를 외치고 마을 사람들끼리 모여서 흰 천을 구해다가 태극기를 그렸습니다. 비로소 우리가 우리의 나라를 세우고 모두가 행복한 나라를 만들 수 있는 기회를 만난 겁니다.

하지만 현실은 간단치 않았어요. 우선 38선이 생겼어요. 전쟁 막바지에 소련이 참전하면서 미국과 소련은 협상을 합니다. 위도 38도 북쪽은 소련군이, 38도 남쪽은 미군이 관리하자고 합의를 했습니다. 남한에는 미군이, 북한에는 소련군이 들어옵니다. 미군과 소련군이 치안을 관리하는 가운데 일본인들은 본국으로 돌아갔습니다. 해외에 거주하던 많은 동포들이 돌아왔고요. 이승만, 김구 등 독립운동가들도 돌아왔습니다.

그리고 그해 겨울 모스크바3국외상회의가 열려요. 미국과 소련 그리고 영국의 외무부 장관이 모여서 한반도 문제를 두고 회의를 했습니다. '한민족은 일본인과는 다르기 때문에 한반도에 독립된 나라를 세워야 한다.', '신생 국가를 세우기 위해 미국과 소련은 협력해야 한다.', '그리고 최대 5년간 신탁통치를 해야 한다.'는 합의를 보았습니다.

신탁통치
나라를 다스릴 능력이 없는 지역을 대신 통치하는 것을 뜻해요.

하지만 신탁통치 문제를 두고 갈등이 벌어져요. 신탁통치라니! 미국과 소련이 우리나라를 식민지배한다는 말인가? 얼마 전까지만 하더라도 일본인들에 의해 지배를 받았는데 왜 5년간 또 지배를 받아야 한다는 말인가? 김구를 중심으로 한 민족주의 세력은 이 합의에 강력히 항의하면서 신탁통치를 반대하는 투쟁을 벌입니다. 하지만 박헌영 등 사회주의 세력은 신탁통치를 찬성합니다. 새로운 나라를 세우기 위해서 잠깐의 과도기를 갖자는 건데 민족주의 세력이 민감하게 반응한다고 생각했어요.

민족주의 세력과 사회주의 세력이 각자 다른 생각을 하게 되면서 갈등이 심각해집니다. 신탁통치를 반대하냐, 찬성하냐를 넘어서 편가르기가 시작되었어요. 좌익이냐, 우익이냐, 사회주의이냐 민족주의이냐를 둔 이념 갈등이 갈수록 커졌어요. 앞에서 이야기했듯 일제강점기 때 독립운동가들 사이에서도 입장 차이가 있었잖아요? 한쪽에서는 일제와의 투쟁을 강조하고 한민족의 단합을 중요하게

손잡은 김구와 이승만

여기는 민족주의가 발전했어요. 이들은 독립협회 활동에 적극적이었고 대한민국임시정부 수립 때 중요한 역할을 했거든요. 이에 반해 러시아혁명에 영향을 받으며 뒤늦게 등장한 사회주의자들은 계급투쟁을 이야기했고 일제와의 싸움도 중요하지만 공산주의 국가를 세워야 한다고 생각했습니다. 당시에는 일본의 억압이 너무 강했기 때문에 민족주의자와 사회주의자의 싸움이 심각하지 않았답니다. 하지만 해방이 되고 이제 우리 스스로 나라를 만들 수 있는 기회가 주어지니까 싸움이 커지게 된 거예요. 주도권을 빼앗기기 싫었던 거죠.

이승만, 김구 같은 이들은 민족주의에 기반한 나라를 세우고 싶어 했어요. 이들을 우익 세력이라고 합니다. 이들은 민주주의와 자본주의를 중요하게 여겼어요. 국민이 직접 대통령과 국회의원을 뽑고 자유롭게 가게도 차리고 사업도 할 수 있어야 한다고 생각했어요. 다만 **부익부빈익빈** 같은 자본주의의 문제점을 고민했기 때문에 '**균등**한 경제'를 강조했습니다. 정치적으로는 훌륭한 민주주의를 발전시키고 경제적으로는 자본주의를 바탕으로 하되 경제적으로 어려운 사람을 배려하고 모두가 공평하게 잘 살아갈 수 있는 평등한 사회를 만들려고 했던 거예요.

> **부익부빈익빈**
> 부자는 더욱 부자가 되고 가난할수록 더욱 가난하게 되는 것을 뜻해요.

> **균등**
> 고르고 차별이 없는 것을 뜻해요.

사회주의자들의 생각은 달랐어요. 사회주의자들은 사유재산이 문제라고 생각했어요. 사회의 모든 재산이 내 것, 네 것으로 나누어져 있으면 많이 가진 사람들이 적게 가진 사람들을 억압한다고 보았거든요. 따라서 사회주의자들은 혁명을 일으키고 싶었습니다. 일본을 몰아내는 것도 중요하지만 기업가나 지주 같은 부자들이 지배하는 세상을 무너뜨리고 싶었던 거예요.

: 남과 북으로 갈라지다 :

민족주의자들과 사회주의자들은 서로를 증오하고 미워했습니다. 서로를 믿거나 신뢰하지 않았어요. 신탁통치 사건 이후 사사건건 대립하며 싸웠으니까요. 이러한 상황을 이용하는 사람들이 있었습니다. 친일파가 대표적이죠. 일제강점기 동안 일본에 충성했던 수천, 수만 명의 사람들이 갑자기 민족주의자가 되었어요. 일본이 패망하니까 친일파들은 두려워 떨었거든요. 죄값을 받아야 했으니까요. 그런데 가만히 보니까 이념 갈등이 시작된 거예요. 아하, 이 갈등을 이용하면 되는구나! 상당수의 친일파들이 사회주의를 반대하는 반공주의자들로 변신했습니다. 과거의 죄를 숨기기 위해 상황을 악용한 거예요.

> **사회주의와 반공주의**
> 사회주의를 다른 말로 공산주의라고도 부릅니다. 반공주의는 공산주의에 반대한다는 뜻이에요.

이 문제를 해결하기 위해서 여운형, 김규식 같은 이들이 많은 노력을 했어요. 그다지 싸울 이유가 없었거든요. 사회주의자라고 해서 민족을 부인하지 않았고 민족주의자라고 해서 경제적인 불평등 문제를 외면하지 않았으니까요. 더구나 당시 우리나라 사람들은 이념에 대해 깊이 알지 못했어요. 분위기에 휩쓸렸던 거죠. 잘 알지도 못하면서 과격하게 급진적인 주장을 쏟아내면서 서로를 혐오하고 증오하기만 한 거예요.

이를 해결하려고 여운형은 건국준비위원회, 좌우합작위원회 같은 단체를 만들었고 화해를 도모했지만 오히려 양쪽으로부터 미움을 받고 1947년에 암살을 당했어요. '미국의 앞잡이들을 몰아내야 한다!', '빨갱이들을 소탕해야 한다!' 갈등이 커지다 보니까 곳곳에서 싸움이 빈번해졌습니다. 소총과 몽둥이, 칼을 들고 서로를 공격했습니다. 다치기도 하고 죽는 사람들도 많았어요. 그토록 기다렸던 해방인데 자유를 얻자마자 우리는 너무나 작은 이유로 갈라져서 서로를 적으로 대하고 공격하는 데 주저함이 없었답니다.

이런 와중에 국제적인 상황이 매우 나빠집니다. 미국과 소련의

자본주의 진영과 공산주의 진영의 대결

- 베를린 봉쇄(1948~1949)
- 독일
- 체코
- 프라하의 봄(1968)
- 소련
- 6·25 전쟁(1950~1953)
- 중국
- 대한민국
- 중국의 공산화(1949)
- 베트남 전쟁(1960~1975)
- 오스트레일리아

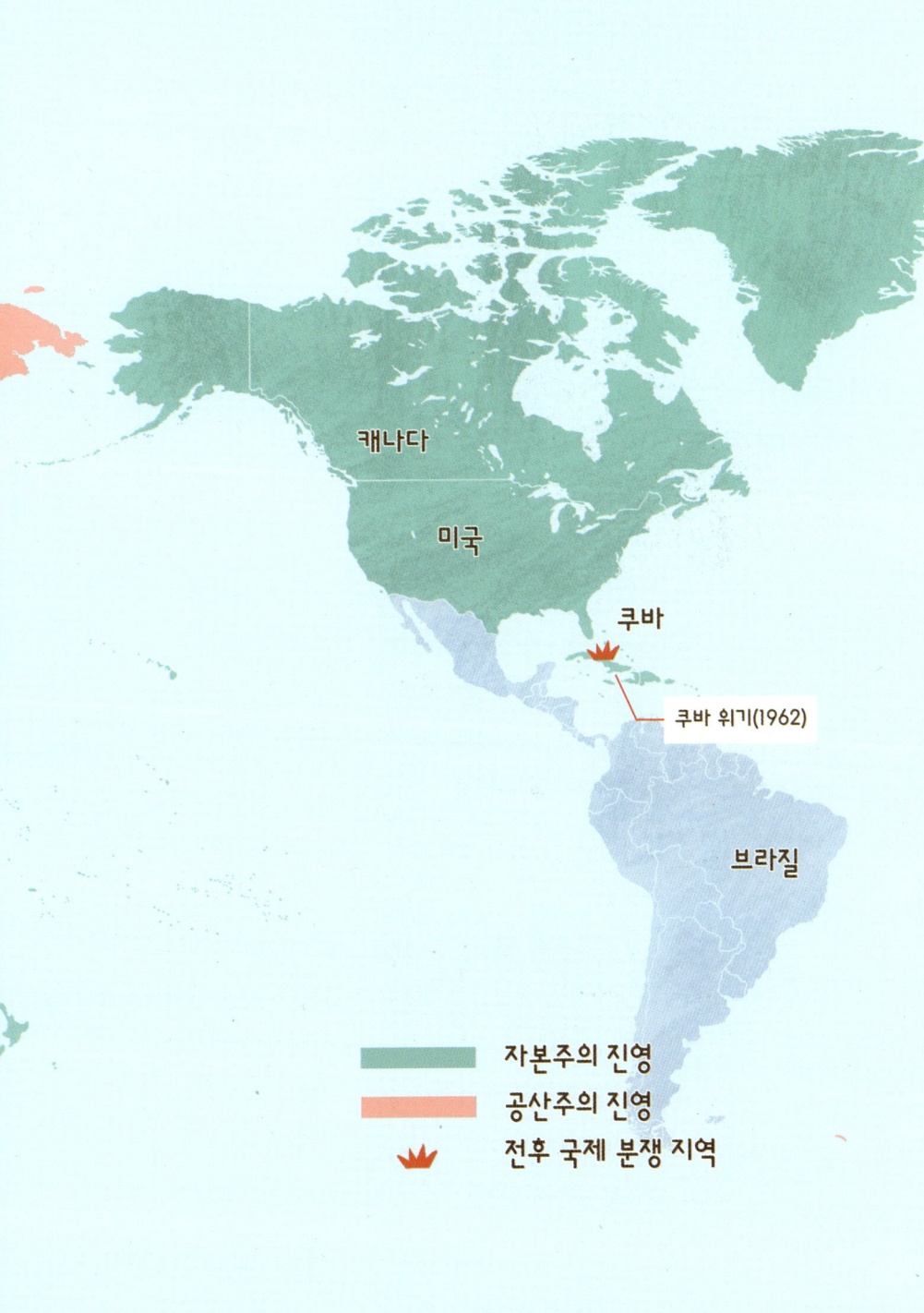

갈등이 커졌거든요. 독일, 일본, 이탈리아를 상대로 승리를 거두었는데 이 나라들이 무너지고 나니까 미국과 소련의 관계가 점차 안 좋아졌습니다. 특히 그리스와 터키를 두고 영국과 소련의 사이가 크게 나빠집니다. 영국의 수상 처칠은 공산주의 국가 소련의 위험성을 공식적으로 경고합니다. 그리스와 터키가 공산화가 되면 동부 지중해는 물론이고 중동지역까지 공산화가 될 수 있었거든요. 결국 미국 대통령 트루먼이 독트린을 발표합니다. 앞으로의 적은 소련이다. 미국은 모든 수단을 동원해서 소련을 견제하며 그리스와 터키의 공산화를 막아내겠다! 이때 마셜 플랜도 발표가 됩니다. 미국이 막대한 돈을 들여 서유럽을 지원한 거예요. 전쟁으로 피폐해진 유럽을 적극적으로 지원해서 소련과 공산주의 국가의 위협을 막겠다는 생각이었죠. 미국이 주도하는 나토(NATO) 군사 동맹도 이때 등장합니다. 소련 또한 물러서지 않았습니다.

> **공산화**
> 공산주의 사회로 변하는 것을 뜻해요.

> **독트린**
> 한 나라가 공식적으로 이뤄나갈 정책상의 원칙을 말해요. 교리나 학설과 같은 뜻이에요.

미국과 소련이 사이가 나빠지면서 전 세계가 냉전(Cold War)의 시대가 돼요. 제2차세계대전처럼 전쟁을 벌이지는 않지만 세계가 미국 편과 소련 편으로 나뉘어서 으르렁대며 서로를 적대시하게 되었으니까요. 한반도 또한 크게 영향을 받습니다. 군사 활동을 위해 잠시 나누었던 38선이 분단선이 되어 버리고 말았어요. 북한에서는 소련의 후원을 받은 김일성이 권력을 장악합니다. 남한에서도 분단을 인정하며 단독정부를 세우자고 주장했던 이승만이 대통령이 됩니다.

이를 정면으로 반발하며 싸웠던 인물이 김구와 김규식입니다. 김규식의 경우 여운형과 함께 이념 갈등을 누그러뜨리기 위해 오랫동안 활동했습니다. 이에 반해 김구는 해방 이후 민족주의의 단결을 외치면서 사회주의에 적대적이었어요. 하지만 분단의 위기에 처하자 김구는 입장을 바꿉니다. '민족보다 우선하는 것은 없다! 38선을 베고 쓰러질지언정 분단을 받아들일 수는 없다!' 김구는 남한과 북한을 오가며 치열하게 활동했습니다.

하지만 이러한 노력에도 불구하고 1948년, 해방된 지 3년 만에 남한과 북한에는 각각의 정부가 들어서게 됩니다. 그리고 이듬해인 1949년 김구가 암살을 당하면서 남한과 북한에는 서로를 적대적으로 생각하며 증오하는 두 정부만이 남게 됩니다. 참으로 속상하고 안타까운 시간이었습니다.

제헌헌법과 농지개혁

시스템을 제대로 만드는 일은 왜 중요해요?

: 무슨 일에든 설계도가 중요해요! :

레고를 만들거나 장난감을 조립할 때 설계도를 잘못 보고 조립한 경험이 있나요? 아주 작은 실수인데도 나중에 가면 모양이 망가져서 아예 처음부터 다시 만들어야 하는 경우도 있잖아요? 설계도를 무시하고 대충 만들었다가 낭패를 볼 수 있는 만큼 무엇인가를 만들 때 설계도는 정말 중요한 것 같아요. 구구단을 못 외우면서 수학 문제를 풀 수 없듯이 어떤 일이든 기초를 튼튼히 해야 큰일을 이룰 수 있습니다. 자동차를 만들기 위해서는 네 바퀴를 염두에 두어야 하고 자전거를 만들려면 두 바퀴를 생각해야 하겠죠? 처음부터 꼼꼼하게 제대로 된 설계도를 만들고 그 위에서 하나하나 정성스럽게 계획한 대로 작업을 하면 좋은 결과물이 나올 수 있습니다. 장난감을 만들 건 공부를 하건 말이에요.

: 대한민국 정부의 수립과 성공적인 농지개혁 :

때는 1948년. 일제가 물러간 지 3년 만에 대한민국 정부가 수립됩니다. 5월 10일에는 총선거를 통해서 초대 국회의원을 뽑았어요. 나라 이름은 대한민국. 대한민국임시정부를 계승한다는 의미예요. 조선 말기에 고종이 국호를 대한제국으로 바꾸었잖아요? 대한제국이 황제가 지배하는 나라였다면 대한민국임시정부는 민주주의 국가를 꿈꾸었기 때문에 이름이 '제국'에서 '민국'으로 바뀌었던 거예요. 나라 이름을 대한민국으로 정한 이유는 조선을 비롯하여 우리 민족의 유구한 전통을 바탕으로 민주주의 국가 대한민국을 만들겠다는 말이에요.

그리고 제헌헌법을 만듭니다. 국회의원들은 치열하게 토론을 벌이면서 헌법 만들기에 힘을 기울였습니다. 헌법은 설계도라고 생각하면 좋을 것 같아요. 대한민국을 이루는 모든 법의 기초가 헌법이니까요. 적은 분량이지만 헌법에 어떤 내용이 쓰여 있는가에 따라 결과가 완전히 달라지거든요. 제헌헌법은 국민들의 자유로운 활동을 보장하면서도 균등하고 건강한 사회를 만들고자 노력했습니다. 생각과 표현의 자유를 보장하며, 직접 국회의원과 대통령을 뽑을 수 있는 권리를 보장하고자 했어요. 대통령의 임기를 비롯하여 국가의 중요 직책에 대해서도 정확하게 정리해서 권력의 남용을 막고자 했어요. 대통령과 국무총리 등으로 구성되어 나라의 살림을 맡아 일하는 행정부와 국회의원들이 법을 만드는 입법부 그리고 법을 잘 지키는지 심판하는 법원 등의 사법부가 서로를 견제하고 감시할 수 있게 삼권분립을 강조했고요. 또한 노동자와 농민의 안정된 생활을 보장하기 위한 여러 내용도 담았습니다. 대한민국은 자본주의, 즉 시장에서의 자유로운 활동을 보장하는 나라잖아요? 하지만 시간이 지나면 경제적인 불평등이 커질 수 있고, 가난한 사람들의 생활이 더욱 어려워질 수 있습니다. 이 부분을 보완하기 위해서 자유의 가치만큼 평등의 가치도 중요하게 여기고자 했고 이익균점권을 비롯하여 다양한 조항들을 만들었답니다.

> **경제적 불평등**
> 잘 사는 사람과 못 사는 사람이 버는 돈과 재산의 차이가 크고 평등하지 못한 것을 말해요.

> **이익균점권**
> 노동자가 기업이 거둔 이윤의 일부를 가질 권리가 있다는 주장이에요.

제헌헌법을 바탕으로 대통령 선거를 실시한 결과, 초대 대통령으로 저명한 독립운동가이자 초대 임시정부 대통령이었던 이승만이 당선됩니다. 당시 김구, 김규식 등은 정치에 참여하지 않았어요. 이승만에 못지않은 지지가 있었지만 한민족이 분단된 현실을 받아들일 수 없었던 거예요.

대한민국 정부가 수립된 후 '농지개혁'이 실시됩니다. 토지를 재분배하는 강력한 개혁 정책이었습니다. 당시 우리나라 인구의 대부분은 농촌에 살고 있었고 농사가 중요한 직업이었어요. 하지만 농지를 갖지 못한 농민이 지주에게 땅을 빌려 일하는 소작 문제가 심각했어요. 하루이틀 문제도 아니고 조선 중기 이래 수백 년간 계속 악화되어 왔거든요. 소수의 지주가 엄청난 땅을 소유하고 대다수 민중이 땅을 빌려서 경작을 하면서 어렵게 살아가는 구조를 반드시 바꿔야만 했어요.

1949년 농지개혁법은 이러한 문제를 해결하고자 통과된 법입니다. 우선 3정보(1정보는 약 3,000평이에요) 이상의 토지를 강제로 국가가 사들입니다. 그리고 농민들에게 공평하게 나누어 주었어요. 공짜로 주는 것은 아니었지만 매우 싼 값에 수년간 나누어서 수확한 농산물의 일부를 세금으로 냈기 때문에 부담이 적었어요. 지주 역시 당장 돈으로 보상받지는 못하고 증권을 받았습니다. 하지만 해방 이후 물가가 빠르게 올라가면서 증권은 쓸모없는 것이 되었고 농민들 역시 토지 대금을 쉽게 갚았습니다. 이러한 방식을 통해 지주 계급이 사라지고 국민들이 평등하게 살아갈 수 있는 좋은 기초가 마련되었습니다.

> **증권**
> 증거가 되는 문서나 서류를 말해요.

농지개혁은 사회발전에 크게 기여했어요. 동등하고 공정한 수준에서 출발할 수 있는 기회를 얻었으니까요. 누구나 노력하면 성공할 수 있고, 또한 기업인들도 지주들의 눈치를 보지 않으면서 적극적으로 회사를 운영할 수 있었기 때문에 여러모로 장점이 많았습니다. 특권계급이 사라지면서 부정부패도 없어지게 되었고요. 오늘날 대한민국이 세계적인 산업국가가 될 수 있었던 이유를 농지개혁으로 꼽는 학자들도 많답니다. 실제로 필리핀을 비롯한 동남아시아 국가나 멕시코, 브라질 같은 라틴아메리카 국가들은 농지개혁을 못했거든요. 경제가 성장하고, 산업이 발전함에도 불구하고 계속 지주들만 부자가 되는 나쁜 구조가 지금까지 이어지고 있어요. 우리나라는 일찌감치 농지개혁을 했기 때문에 그러한 문제가 없죠.

: 처벌하지 못한 친일파와 뿌리 깊은 이념 갈등 :

하지만 뜻대로 되지 못한 것도 많았습니다. 우선 친일파 처단이 제대로 이루어지지 않았어요. 나라를 세운 만큼 과거에 잘못한 죄에 대해서는 깔끔하게 처벌했어야 했는데 그러지 못했어요. 프랑스는 나치 독일에 의해 4년 정도 지배를 받았거든요. 이때 나치 독일에 충성하며 개인적으로 각종 이득을 누렸던 사람들이 많았어요. 프랑스의 경우 나치 독일에 점령을 당했지만 망명 정부가 영국에 있었고 레지스탕스들이 치열하게 저항을 했거든요. 결국 미국, 영국, 소련 등이 뭉친 연합국과 함께 나치 독일을 몰아내는 데 성공합니다. 그리고 나치 독일에 충성했던 이들을 가혹하게 처벌해요. 수천 명의 사람들을 처형했고, 수많은 사람을 재판에 세워서 저지른 죄에 합당한 판결을 내렸어요. 그리고 나치에 협력했던 수만 명의 사람들에게 약 20년간 투표권을 주지 않았어요. 이러한 과정을 통해서 프랑스는 맑고 굳건한 나라로 다시 설 수 있었습니다.

친일파건 프랑스에서 나치 독일을 위해 일했던 사람들이건 비슷비슷한 '기회주의자'들이거든요. 나라가 어떻게 되건, 공동체에 어떤 해악이 있건 자기만 잘 먹고 잘 살면 된다는 태도를 가진 사람들이니까요. 그렇기 때문에 이완용 같은 사람들은 나라를 팔아먹는데 앞장섰고, 이광수 같은 사람들은 전쟁에 사람들을 동원하는 데 적극적이었죠. 일제 순사가 되어서 민중을 억압하던 하급 친일파들도 정말 많았고요. 안타깝게도 우리나라는 프랑스처럼 과감하게 친일파를 처단하지는 못했습니다.

이 부분은 두고두고 문제가 됩니다. 생각해 보세요. 사회가 혼란스러울 때 눈치껏 나쁜 짓을 하면서 잘 먹고 잘 살았다? 잘못을 저질렀음에도 불구하고 처벌을 받지 않았다? 따라하는 사람들이 계속 생기게 되거든요. 대통령에게 아부하거나 국회의원에게 뇌물을 주면서 이것저것 권력과 부를 거머쥐는 사람들이 늘어나게 된 것이죠.

대구 10·1사건, 제주 4·3사건, 여수순천 10·19사건 등 안 좋은 사건이 계속 일어나기도 했어요. 이념 갈등이 계속되었거든요. 선거가 실시되고 정부가 수립되었음에도 불구하고 이를 받아들이지 않는 사회주의자들의 저항이 계속되었어요. 이들을 무너뜨리기 위해 군대와 경찰이 동원되면서 무력 충돌이 일어나기도 했고요. 안타깝게도 민간인들이 크게 피해를 보았습니다. 빨갱이로 몰려서 군인이나 경찰에 의해 처형당하는 사람들이 많이 생겨났어요. 가장 피해가 심했던 지역은 제주도입니다. 당시 제주도 인구가 30만 명 정도였는데 무려 3만 명이 억울하게 희생을 당했습니다.

: 북한의 갑작스런 공격으로 시작된 한국전쟁 :

그리고 1950년 한국전쟁이 일어납니다. 6·25전쟁이라고도 불러요. **북한이 남침**을 해 온 거예요. 북한의 김일성은 사회주의 정권을 수립한 이후 전쟁 준비에 골몰합니다. 소련의 지도자 스탈린을 찾아가서 전쟁 물자를 요구했고, 중국의 지도자 마오쩌둥을 찾아가서 군사 지원을 요청하는 등 무력으로 남한을 통일하고자 했습니다. 최악의 상황으로 치닫고 있었던 거예요. 하다 하다 이제는 대규모로 군대를 동원하고 전쟁을 일으켜서 자신과 생각이 다른 사람들을 모조리 몰아내고 강제로 무력 통일을 하려고 했어요. 발상 자체가 참으로 끔찍하지 않나요?

> **북한의 남침**
> 북쪽에서 남쪽의 영토나 권리, 재산을 함부로 공격하고 해를 끼쳤다는 뜻이에요.

> **전쟁 물자**
> 전쟁에 필요한 여러 가지 물건이나 무기를 말해요.

김일성과 북한 정권이 이런 생각을 하게 된 배경에는 국제적인 이유도 있습니다. 한국전쟁이 일어나기 한 해 전에 중국 대륙에서 공산당이 승리를 거두었거든요. 중국도 우리나라처럼 민족주의자와 사회주의자들 간의 갈등이 심각했습니다. 장제스가 이끌던 국민당과 마오쩌둥이 이끌던 공산당이 4년간 치열한 내전을 벌였고 그 끝에 장제스가 패배해요. 국민당은 타이완으로 도망칩니다. 거대한 중국 대륙이 공산화가 된 거예요. 더구나 장제스는 쑨원의 뒤를 이어 중국을 오랫동안 이끌었던 지도자인데 마오쩌둥이 극적으로 역전승을 거두었던 것이지요.

북한은 여기에 크게 자극을 받아요. '우리도 중국처럼 하자!' 소련은 북한의 편에 서서 각종 무기와 물자를 지원했지만 공식적으로 한국전쟁에 참전하지는 않았습니다. 미국과의 정면 충돌을 우려했거든요. 자칫하면 제3차 세계대전이 벌어질 수 있었으니까요. 여차하면 핵전쟁이 일어날 수 있었거든요.

한국전쟁은 전혀 엉뚱한 결과를 불러일으킵니다. 일본이 다시 일어섰거든요. 제2차 세계대전 이후 미국은 일본을 전범국가로 지정합니다. 그리고 전쟁 재발을 위해 각종 개혁을 단행했는데 한국전쟁이 일어나면서 모두 중단이 돼요. 중국이 공산화가 되고 한반도에서 전쟁이 일어났기 때문에 일본을 신경 쓸 여유가 없었던 거예요. 일본은 과거에 대한 반성을 하지 않은 채 미국의 동맹국이 됩니다. 독일이 철저한 과거 청산과 각종 개혁을 통해 현재에도 존경받는 민주주의 국가가 된 것과는 상당히 다른 모습이에요. 중국도 북한을 돕느라 타이완 침공을 포기하고 말아요. 중국과 타이완, 남한과 북한 그리고 일본. 동아시아는 과거와는 전혀 다른 역사로 나아가게 됩니다.

> **전범국가**
> 전쟁을 치르며 국제 법규를 어기거나 인간적이지 못한 행위를 한 국가를 말해요.

한국전쟁

왜 한반도에서 전쟁이
끝나지 않았다고
말하는 거예요?

: 전쟁은 멋있는 일이 아니에요 :

'밀리터리 덕후'라는 말을 들어본 적이 있나요? 전쟁이나 무기에 관심이 많은 사람들을 일컫는 말이에요. 이들은 탱크의 이름과 무기의 종류, 각종 무기가 어떻게 사용되었는지 정말 자세하게 알고 있어요. 제1차세계대전이 어떻게 진행되었고, 어떤 장군이 대단한 활약을 했고, 어떤 지도자가 무능했기 때문에 전쟁에서 졌는지 놀라울 만큼 자세하게 알고 있답니다. 그만큼 관심이 있고 좋아한다는 말이겠죠.

이처럼 전쟁 이야기에 흥미를 느끼고 관련된 취미 생활을 하는 일은 각자의 취향과 자유에 달린 일이에요. 하지만 전쟁을 무기나 전투만으로 한정해서 생각하는 것은 곤란해요. 뛰어난 장군이 좋

> **한정하다**
> 수량이나 범위를 더 사용하지 못하도록 제한해서 정한다는 말이에요.

은 무기를 가지고 훌륭한 작전을 짤 때 승리를 거둘 수 있습니다. 하지만 전쟁은 군인들의 다툼 이상이에요. 사회적으로 심각한 갈등이 발생했을 때 이를 힘으로 해결하기 위해 선택하는 방식이 전쟁이고, 어떤 때는 정치가들의 무모하고 위험한 생각 때문에 전쟁이 일어나기도 해요. 전쟁의 결과는 단순히 이기고 지는 것이 아니에요. 수많은 사람이 전쟁터에 끌려가고, 싸우다 죽고 다치죠. 어린아이와 노인 그리고 여성들이 폭격에 의해 희생을 당하기도 합니다. 몸만 다치는 것이 아니라 마음의 상처 또한 클 수밖에 없겠죠. 누가 나를 공격할 수 있다는 두려움을 가지고 평생을 살아간다고 생각해 봐요. 만나는 사람마다 의심할 수밖에 없고, 나의 안전을 위해서 다른 사람을 희생시키는 극단적인 생각을 할 수도 있겠죠. 전쟁이 끝나고 나면 어떨까요. 공장이 불타 버리고 집은 부서져 있고 먹을 것은 없고, 전염병이 돌기도 하고 수많은 아이가 고아로 떠돌다가 굶어 죽기도 합니다. 이런 고통까지가 모두 전쟁의 영역이라는 것을 두루두루 생각해 보았으면 좋겠습니다.

: 북한의 갑작스러운 공격으로 시작된 전쟁 :

1950년 6월 25일 북한의 전면적 남침으로 인해 전쟁이 일어납니다. 북한은 전면전을 준비했어요. 소련으로부터 탱크를 비롯하여 다양한 무기와 전쟁 물자를 받고, 대규모의 병력을 신속하게 이동시키기 위해 38선 일대에 도로를 정비하고 다리를 놓았습니다.

> **전면전**
> 나라와 나라가 모든 군대를 동원해서 전쟁을 하는 것을 말해요.

전쟁이 일어나기 전의 상황은 정말 최악이었습니다. 남한과 북한은 서로 비방하고 38선에서 끊임없이 충돌했어요. 남한의 경찰과 군인이 38선을 넘어 북한 초소를 공격하기도 했고 반대로 북한 군인들이 남한의 초소를 공격하기도 했습니다. 38선은 원래 소련군과 미군이 관리했어요. 이를 두고 김구는 외국군대가 분단을 조장하고 있기 때문에 물러나야 한다고 강력하게 주장했습니다. 하지만 상황은 반대로 흘러갔어요. 미군과 소련군이 물러나니까 오히려 충돌이 더 자주 일어났어요.

더구나 남한이건 북한이건 서로를 인정하지 않고 극단적인 대결 구도로 나아갔습니다. 김구와 김규식은 이를 해결하기 위해 남북을 오가며 대화와 소통을 강조했습니다. 하지만 북한은 이를 이용했어요. 우리는 대화를 원하고 평화통일을 기대하는데 남한의 이승만 정권이 이를 거부하고 있다고 주장했죠. 남한의 경우 민주국가잖아요? 다양한 의견이 공존하는 사회이기 때문에 여러 주장을 할 수 있었어요. 하지만 북한은 그렇지 않았어요. 일찍부터 민족주의자들을 제거하고 사회주의자들 중에서도 김일성 쪽 사람들이 모든 권력을 장악했습니다. 다양한 여론이 있을 수가 없었죠. 북한은 이승만 정권을 비난하면서 한편으로는 전쟁 준비에 들어간 거예요. 입으로는 평화를 부르짖고 손으로는 무기를 든 것이죠. 이승만 정권도 북진통일을 외쳤습니다. 3일이면 미국의 도움 없이도 평양까지 진격할 수 있다고 주장했죠. 하지만 북한처럼 전쟁 준비를 하지는 않았습니다. 미국은 이승만 정권이 혹시나 전쟁을 일으킬까 봐 무기 지원을 하지 않는 등 노심초사하면서도 북한의 침략을 예상하지는 못했습니다.

전쟁 초기에는 북한이 우세했어요. 정말로 전쟁이 일어날 줄 몰랐기 때문에 남한 정부는 우왕좌왕했습니다. 전쟁이 일어났지만 적을 막아내고 오히려 북진하고 있다는 거짓방송을 하면서 이승만 대통령과 몇몇 관료들이 몰래 후방으로 도망하기도 했어요. 너무 일찍 한강 다리를 끊어뜨리는 바람에 문제가 생기기도 했습니다. 당시 우리나라에는 한강을 건널 수 있는 다리가 거의 없었거든요. 그런데 북한군의 남하를 막는다고 너무 일찍 한강대교를 끊어뜨린 거예요. 서울 시민들은 물론이고 군대도 후퇴할 수 없었습니다. 할 수 없이 많은 시민들이 서울에 머물면서 공산당의 지배를 받을 수밖에 없었어요. 군인들은 무기를 버린 채 헤엄을 치거나 나룻배를 타고 남쪽으로 후퇴를 할 수밖에 없었고요. 군사력도 너무 열세였어요. 북한은 T-34 탱크를 비롯하여 중화기로 무장을 했지만 우리는 쏠 만한 박격포조차 별로 없을 때였거든요. 탱크를 비롯하여 중화기로 무장한 군대와 그렇지 못한 군대가 싸우면 결론은 뻔하잖아요? 결국 낙동강 일대까지 밀려 내려갑니다. 낙동강을 방어선으로 해서 경상도 일대를 지키면서 북한군을 막아내고자 했습니다.

> **중화기**
> 비교적 무게가 무겁고 화력이 강한 중기관총 같은 무기를 말해요.

── 동생을 들쳐업고 피난 가는 어린이 ──

갑작스러운 전쟁은 수많은 이들의 삶을 고통 속으로 몰아갔답니다.

: 미국과 중국의 참전으로 국제전이 되어 버리다 :

바로 이 시점에 미국이 참전합니다. 제2차 세계대전의 영웅이었던 맥아더 장군이 인천상륙작전을 감행해서 성공을 거둡니다. 당시 북한군은 한반도 전역에 주둔하고 있었는데 인천상륙작전을 통해 허리가 끊기게 되었어요. 군대는 명령에 의해서 움직이고 조직적으로 행동하잖아요? 그런데 인천으로 미군과 국군이 들어와서 한반도를 가로질

주둔
군대가 임무 수행을 위하여 일정한 곳에 집단적으로 머무는 일을 말해요.

> **사분오열**
> 여러 갈래로 갈기갈기 찢어지는 일을 말해요.

> **수복**
> 잃었던 땅이나 권리를 되찾는 일을 말해요.

> **학도병**
> 학생 신분으로 군대에 들어간 병사를 말해요.

러 버리니까 북한군은 뿔뿔이 흩어질 수밖에 없었어요. 지휘체계가 무너지고 사분오열된 북한군은 북쪽으로 도망가기에 급급했습니다. 초기의 위기를 극복하고 서울을 수복하는 등 미국의 도움으로 남한은 상황을 수습합니다.

미군의 지원도 있었지만 국군도 치열하게 싸웠습니다. 손원일 제독이 이끄는 해군이 바다에서 북한 해군을 막아내기도 했고, 인천상륙작전 당시 국군이 몰래 잠입해서 인천 일대의 현황을 파악하고 중요한 정보를 전달하기도 했죠. 학도병들이 낙동강 전선을 지켜내다가 죽기도 했고 정말로 치열하게 싸웠답니다.

그리고 10월 1일 북진을 결정합니다. 파죽지세로 밀고 올라갔어요. 어차피 북한군은 궤멸 상태였기 때문에 거칠 것이 없었죠. 맥아더 장군은 크리스마스가 되기 전에 전쟁을 끝내고 집으로 돌아가자고 말할 정도로 자신감에 넘쳤습니다. 하지만 상황은 뜻대로 흘러가지 않았어요. 중국군이 참전했거든요. 1년 전에 국민당 정권을 타이완으로 밀어내고 자신감에 넘쳐 있던 중국 공산당은 북한을 지원하기로 결정합니다. 중국군 하면 '인해전술'로 유명해요. 인구가 워낙 많기 때문에 군사의 숫자로 승부한다는 거죠. 하지만 인해전술은 거짓말이에요. 아무리 숫자가 많아도 탱크와 기관총, 항공기의 폭격 앞에

맥아더 장군의 모습

맥아더 장군이 이끄는 미 해병이 인천에 상륙하면서 북한군이 우세하던 전쟁의 모습은 크게 달라져요.

서 어떻게 이길 수 있겠어요? 중국군은 추위와 지형을 이용했어요. 한반도에는 높은 산이 많고 지형이 험준하잖아요? 마침 겨울이었는데 북한은 남한에 비해 훨씬 추웠고요. 중국군은 주로 밤에 이동하며 작전을 펼쳤습니다. 무기로는 미군이 훨씬 강했기 때문에 중국군은 적의 뒤나 옆을 작은 규모의 부대로 갑자기 공격하는 유격 전술을 펼친 거예요. 야밤에 조용히 이동해서 유리한 고지를 점령하고 미군을 공격했고, 결과는 아주 성공적이었어요. 미군은 한반도의 추운 겨울에 익숙하지 않았고 때로는 대포나 탱크가 얼어 버

흥남 철수작전

중국군이 전쟁에 참전하면서 상황이 어려워지자 미군과 국군이 10만 명의 피난민을 구출시킨 작전이에요.

리기까지 했습니다. 항공기가 하늘에서 엄청난 폭격을 쏟아부었지만 지형이 험준하고 숨을 곳이 많았기 때문에 효과가 별로 없었어요.

어쩔 수 없이 미군과 국군은 철수합니다. 다시 서울을 빼앗기고 충청도 일대까지 밀리기도 했죠. 이 와중에 맥아더 장군은 핵무기를 사용해서 적을 격퇴하자고 주장하기도 했습니다. 만주와 한반도 북부의 주요 지역에 26개의 핵폭탄을 떨어뜨려서 적을 무너뜨리자는 생각이었습니다. 하지만 받아들여지지 않았습니다. 북한의 기습적인 남침으로 시작된 전쟁은 미군과 중국군의 참전으로 인해 국제전이 되었습니다. 자칫하면 제3차세계대전으로 발전할 수도 있

> **휴전**
> 전쟁을 벌이는 국가가 서로 합의해서 전쟁을 얼마 동안 멈추는 일을 말해요.

었기 때문에 미국과 중국의 주도로 휴전을 하게 됩니다.

한국전쟁은 정말 말할 수 없는 상처를 낳았어요. 수많은 사람이 전쟁에서 싸우다 죽거나 다쳤고 폭격으로 인해 희생당하기도 했습니다. 공산군이 마을을 장악하면 인민재판을 벌이면서 수많은 사람들을 처단했고 국군과 미군 역시 민간인 학살을 자행합니다. 북한군도 마찬가지였고요. 작전을 효과적으로 수행하기 위해서 위험지역에 있던 민간인을 죽이기도 했고, 누가 북한 편인지 남한 편인지 확실히 모르니까 쉽사리 '너 북한 편이지?', '너 남한 편이지?' 의심하면서 함부로 민간인을 다루었습니다. 전쟁으로 인해 그나마 있던 산업시설이나 공장은 대부분 파괴가 되었고요. 경복궁, 수원화성 등 수많은 문화유적이 부서지기도 했습니다.

그렇다고 승자와 패자가 정해진 것도 아니었어요. 전쟁을 일으킨 북한은 감당이 안 되니까 앞장서서 휴전을 주장했습니다. 남한은 휴전에 반대하면서 무력 통일을 주장했지만 미국이 받아들이지 않았어요. 미군은 현재까지 남한에 주둔하고 있기도 합니다. 휴전은 철저하게 미국과 중국의 입장대로 진행되었죠. 싸움만 있고 승자는 없는 채로 수많은 피해만 남기고 전쟁 전과 별 다를 바 없는 상황에서 멈추어 버린 거예요. 바뀐 것이 있다면 모두가 지워지지 않는 마음의 상처를 입었다는 점이에요. 서로를 증오하고 무서워하는 마음이 생긴 거죠. 휴전선은 철조망으로 드리워졌고 남한과 북한의 젊은이들은 휴전선을 지키기 위해 의무적으로 군인이 되어야

― 한국전쟁이 벌어진 순서 ―

만 해요. 더욱 강한 군사력을 갖추기 위해 무기를 만들면서 서로를 적대하는 참으로 속상하고 나쁜 구조가 만들어지게 되었고 현재까지도 이어지고 있답니다.

이승만 정권과 4·19혁명

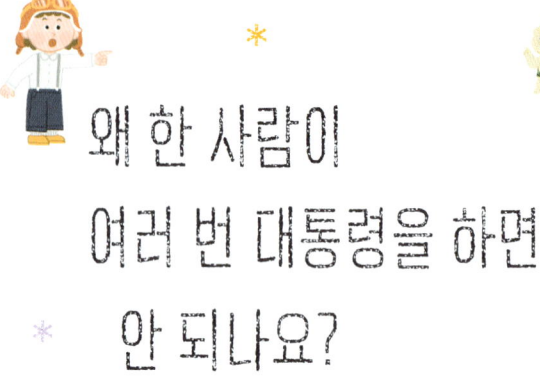

왜 한 사람이 여러 번 대통령을 하면 안 되나요?

: 민주주의에는 대가가 따라요 :

"세상에 공짜는 없다."는 말이 있잖아요? 열심히 공부해야 좋은 성적을 받을 수 있고, 어렵더라도 글로 된 책을 꾸준히 읽어야 독서 능력이 향상될 수 있으니까요. 노력을 해야 그에 상응하는 결과를 누릴 수 있다는 말이기도 합니다.

여러분은 민주주의를 무엇이라고 생각하나요? 오늘날 민주주의는 여러 의미를 지니고 있어요. 민주주의는 여성이라는 이유로 차별받지 않을 권리를 보장하고, 의료보험이나 실업급여 등 사회복지를 누릴 수 있는 권리 등 다양한 것을 인정해요. 이런 권리들은 주로 민주주의를 통해 얻을 수 있는 것입니다. 그런데 정반대로 의무도 있어요. 민주주의를 위협하는 것과 싸우면서 민주주의의 가치를 유지해야 하는 의무 말이에요. 대통령이 헌법을 어겨 가면서 독재를 하는 것, 정부 관료와 경찰이 온갖 부정부패를 일삼는 것을 막아내야지만 민주주의가 발전할 수 있어요.

우리나라를 포함하여 세계 여러 나라는 민주주의를 발전시키기 위해 정말 많은 노력을 해 왔답니다. 때에 따라 시위를 벌이기도 하고 혁명을 일으키기도 했어요. 하지만 여전히 민주주의가 제대로 이루어지지 못한 나라가 많습니다. 현재 우리나라는 세계 최고 수준의 민주국가로 평가를 받습니다. 단숨에 이루어지진 못했죠. 오히려 어떤 나라보다도 오랫동안 민주주의를 이루기 위해 치열하게 싸웠습니다.

: 이승만의 권력 욕심과 사사오입 개헌 :

개헌
헌법을 고치는 일을 말해요.

원조물자
물품이나 돈으로 도와주는 것을 원조라고 해요.

전쟁의 결과는 끔찍한 가난이었어요. 먹고 살기 너무 힘들었죠. 그나마 의지할 수 있는 것은 미국에서 오는 원조물자였어요. 밀가루, 설탕 같은 기초생필품이 대량으로 들어왔거든요. 이런 것들을 받아서 간신히 끼니를 때우는 경우가 많았어요. 부대찌개도 이때 발명되었다고 해요. 칼칼한 김치 국물에 햄과 소시지를 넣어서 만든 음식이잖아요? 부대찌개는 의정부가 원조라고 합니다. 의정부에는 미군 부대가 주둔하고 있었거든요. 병사들이 먹다 남긴 음식들도 많았고, 미군이 지역 사람들에게 이것저것 자신들이 가지고 있던 보급품을 나누어 주기도 했고요. 김치찌개에 미군이 나누어 준 햄이나 소시지를 섞어서 만든 음식이 부대찌개예요. 의정부에 있는 미군 '부대'의 도움으로 새로운 찌개가 등장했기 때문에 '부대'찌개가 되었다고 합니다. 지금이야 맛있는 음식 메뉴 중에 하나지만 그 시작은 가난과 원조였던 셈입니다.

전쟁은 끝났지만 사정은 나아지지 않았습니다. 그나마 미국에서 보내오는 물자로 '삼백(三白)산업'이 발전해요. 밀가루, 설탕 그리고 면방직 공업이 시작된 건데 모두 하얀색이잖아요? '세 가지 하얀 산업'이라는 의미입니다.

> **면방직**
> 목화로 실을 뽑아 천을 짜는 일을 말해요.

이승만 대통령은 뚜렷한 비전이 없지만 권력 욕심은 대단했어요. 헌법을 두 번이나 뜯어고치면서 대통령 임기를 늘렸습니다. 당시에는 대통령을 국회의원이 뽑았어요. 이를 '간접선거제도', 줄여서 간선제라고 합니다. 대통령을 국민이 직접 뽑는 것은 '직접선거제도', 직선제라고 하거든요. 이때는 지금과 다르게 국민이 국회의원을 뽑고 국회의원이 대통령을 뽑았습니다. 하지만 한국전쟁이 일어나고 국회의원들이 대통령을 비판하는 등 여론이 나빠졌어요. 하지만 국민 사이에서는 이승만에 대한 지지가 높았거든요. 이를 간파한 이승만은 한국전쟁 도중에 헌법을 바꿉니다. 헌병대를 동원해서 국회의원들을 협박하고, 정치깡패를 모아서 국민을 위협했는데 이를 '발췌개헌'이라고 합니다. 헌법을 바꾸는 데 성공한 이승만은 재선에 성공합니다.

재선
두 번째로 당선되는 일을 말해요.

그런데 임기가 끝나자 대통령을 또 하고 싶은 거예요. 보통 대통령은 4년씩 두 번 할 수 있습니다. 미국에서 만들어진 전통인데 대통령이 너무 권력을 오래 가지고 있으면 문제가 생길 수 있잖아요? 독재자가 될 수도 있고 부정부패가 심해질 수 있으니까요. 그래서 국민의 지지가 있으면 두 번까지만 대통령을 할 수 있도록 합니다. 그런데 욕심이 생긴 이승만은 또다시 헌법을 바꾸려고 했습니다. 이번에는 반대가 더 심했어요. 국회에서 투표를 했는데 1표 차이로 부결이 되고 말았어요. 헌법을 바꾸려면 국회의원 3분의 2가 동의해야 가능해요. 당시 국회의원은 총 203명이었어요. 3분의 2가 되려면 136표가 되어야 하는데 135표가 나왔으니, 헌법을 바꾸려는 이승만의 시도가 실패한 거예요. 그런데 다음날 갑자기 해괴한 주장이 등장합니다. 203 곱하기 3분의 2는 '135.33333…'이기 때문에 135표로 통과가 되었다는 거예요. 수학자와 공학자까지 동원된 황당한 주장이었어요. 이런 식의 우격다짐으로 헌법이 바뀌게 되고 이승만 대통령은 또다시 대통령 선거에 나옵니다. 이 사건을 '사사오입개헌'이라고 불러요. 반올림의 다른 말이 사사오입이거든요.

부결
의논한 안건을 받아들이지 않기로 결정하는 일을 말해요.

우격다짐
억지로 우겨서 남을 이기는 일을 말해요.

이승만 대통령은 저명한 독립운동가 출신이긴 하지만 대통령으로서는 특별한 업적이 없었어요. 그런데 권력을 연장하기 위해서 헌법을 뜯어고치고 불법적인 행동을 저지르니까 국민의 반감이 높아졌습니다. 그래서 3대 대통령 선거에는 신익희, 조봉암 같은 야당 후보들이 주목을 받았어요. 신익희는 임시정부에서 활동했던 독립운동가 출신 정치인입니다. 이승만의 라이벌이었던 김구가 생각이 나는 사람이어서 인기가 좋았어요. 조봉암은 초대 농림부 장관 출신입니다. 이승만과 함께 농지개혁을 주도했었던 인물이에요. 신익희와 조봉암은 후보를 단일화해서 이승만을 이기려고 했습니다. 하지만 신익희가 선거 도중에 갑자기 죽게 돼요. 선거 결과는 황당했습니다. 죽은 신익희에게 200만이 넘는 표가 몰렸거든요. 그리고 조봉암 역시 200만 표 이상을 득표했어요. 두 사람의 표를 합치면 이승만을 위협하는 수준이었습니다.

> **야당**
> 정당 정치에서 대통령이 배출되지 않았거나 정권을 잡지 않은 정당을 말해요. 반대로 대통령이 배출되었거나 권력을 잡은 정당은 여당이라고 불러요.

　간신히 대통령이 된 이승만은 조급해졌습니다. 이승만은 조봉암을 북한과 내통하는 간첩으로 몰았어요. 양명산이라는 거짓 증인을 내세워서 법원에서는 조봉암을 사형시켰습니다. 언론 탄압도 강해졌어요. 경향신문에서 정부를 비판하는 기사를 싣자 폐간을 시키는 극단적인 조치를 취하기도 합니다. 관료와 경찰은 오직 이승만과 이승만 정권을 위해 일했습니다. 이때에는 앞서 말한 정치깡패라는 사람들이 있었어요. 조직폭력배들이 관료와 경찰의 지시를 받고 마음에 안 드는 정치인들을

> **내통**
> 외부에 있는 조직이나 사람과 남 몰래 연락하는 일을 말해요.

때리거나 국민을 위협하는 행동을 했던 거예요. 그 대가로 여러 특혜를 누렸고요. 마피아나 갱단이 정치에 간섭하고 국민들을 괴롭히던 시절이었습니다.

'이강석 사칭 사건'도 있었어요. 이강석은 이승만의 오른팔이었던 이기붕의 아들이에요. 이승만은 아들이 없었기 때문에 이기붕이 자신의 첫째 아들이었던 이강석을 이승만의 양자로 삼게 합니다. 이렇게 되니까 이강석은 양아버지가 대통령이고 친아버지가 권력자가 되잖아요? 자신만만해진 이강석은 온갖 행패를 다 부리고 다녔어요. 시험을 보지도 않고 서울대학교와 육군사관학교에 입학했어요. 이강석이 국민 말썽꾸러기가 되니까 이강석을 사칭하는 사람들이 등장했어요. 당시에는 지금처럼 핸드폰은커녕 TV도 없던 시절이었으니까 이강석이 어떻게 생겼는지 알 리가 없잖아요? '내가 이강석이다.'라고 하면서 호텔을 무료로 이용하고 경찰을 협박해서 공짜로 관광을 즐기는 사건이 있었습니다.

사칭
이름, 직업, 나이, 주소 등을 거짓으로 속이는 일을 말해요.

: 부정선거에 항의해 거리로 뛰쳐나온 시민들 :

그리고 1960년 여든이 넘은 고령에도 불구하고 이승만은 네 번째로 대통령 선거에 나옵니다. 한때의 위대한 독립운동가가 세월이 흘러서 권력만을 좇는 타락한 정치인이 되어 버린 거예요. 당시 야당 후보는 조병옥이었습니다. 그런데 조병옥이 암에 걸려서 수술을 하다가 선거 도중에 죽습니다. 야당 후보가 없는 상황에서 단독으로 대통령이 되었던 거예요. 그런데 과정이 문제였습니다. 어마어마한 부정선거를 저질렀거든요. 투표함의 절반을 미리 이승만 표로 찍어놓고 바꿔치기를 한다든지, 투표를 하러 갈 때 세 명 혹은 다섯 명씩 무리를 지어 마을 이장이 투표장에 데리고 들어가서 이승만을 찍게 했어요. 투표장에서 야당 쪽 선거 감시인을 쫓아내거나 투표장에 불이 꺼지게 해서 투표함을 바꾸는 등 할 수 있는 모든 불법적인 행동을 했습니다. 당시 선거일이 3월 15일이었기 때문에 3·15 부정선거라고 불러요.

시민들은 격분합니다. 마산 시민들이 들고 일어났어요. "부정선거를 중단하라!", "대통령 선거를 다시 하라!" 시민들이 거리로 쏟아져 나와서 시위를 벌였어요. 그러자 경찰이 시민들을 향해서 최루탄을 쏘았습니다. 원래는 하늘을 향해 쏘아야 해요. 그래야 최루탄이 멀리 날아가서 땅바닥에 떨어지면서 메케한 냄새를 뿜어내거든요. 그런데 경찰이 사람들을 조준하면서 사격을 한 거예요. 결국 마산상고 학생이던 김주열이 최루탄에 맞아 숨집니다.

경찰은 김주열의 시신을 숨겼어요. 몰래 바다에 가서 던져 버린 거예요. 그리고 약 한 달이 지난 4월 11일에 기적처럼 마산 앞바다에서 김주열의 시신이 떠올랐습니다. 사람들은 깜짝 놀랐어요. 떠오른 시신의 얼굴에 최루탄이 박혀 있던 거예요. 이에 격분한 사람들은 이승만 정권 퇴진을 요구합니다. 4·19혁명이 시작된 거에요.

전국에서 수많은 사람들이 거리로 몰려 나왔습니다. 중고등학생부터 대학생과 성인에 이르기까지 세대를 막론하고 쏟아져 나와

―― 4·19혁명 시위에 나선 학생들의 모습 ――

4·19혁명에 참여한 초등학생의 모습이에요. 모든 국민이 민주혁명에 참여했답니다.

서 이승만 정권 퇴진을 요구하는 강력한 시위를 했습니다. 정치깡패들이 대학생을 공격했고 경찰은 총을 쏘면서 시위를 막았어요. 수백 명의 사람들이 경찰이 쏜 총에 맞아 죽고 다쳤습니다. 하지만 그럴수록 국민들은 더욱 강력하게 저항했고 시위는 계속되었습니다. 결국 4·19혁명이 일어난 지 일주일 만에 이승만은 하와이로 망명을 떠납니다.

우리 역사 최초의 민주혁명이 성공한 순간입니다. "한국에서 민주주의가 가능하다는 말은, 쓰레기통에서 장미꽃이 피는 것만큼이나 불가능하다." 어느 영국 기자가 1950년대 한국 상황을 보고 이런 말을 했다고 합니다. 오랜 식민지 생활, 전쟁과 독재 그리고 가난. 영국 기자의 눈에 한국이 민주주의를 실천하며 발전할 수 있다는 것은 불가능한 이야기 같아 보였겠죠. 하지만 대한민국은 당당하게 4·19혁명을 성공시키면서 이승만 독재 정권을 무너뜨렸습니다. 헌법 제1조 1항 "대한민국은 민주공화국이다."라는 말을 몸소 증명해 낸 겁니다.

5·16군사쿠데타와 12·12군사반란

절차에 따라
원칙을 지키는 일은
왜 중요한 거예요?

: 결과만큼이나 중요한 과정 :

종종 "결과가 좋으면 다 좋은 거지."라는 말을 하는 사람들이 있습니다. 정말로 결과가 좋으면 과정은 상관이 없을까요? 그건 아닌 것 같아요. 과정이 잘못되면 문제가 생길 수밖에 없어요. 예를 들어서 친구가 말한 좋은 생각을 자기 생각인양 수업 시간에 발표해서 선생님한테 칭찬을 들었다고 해 봐요. 그러면 친구가 기분 나빠할 수밖에 없겠죠? 친구들과 사이가 나빠지게 되고요.

    과정이 좋아야 정말 좋은 결과를 만들 수 있어요. 친구가 했던 말을 훔쳐서 얘기하면 한 번은 좋은 평가를 받을 수 있을 거예요. 하지만 스스로 생각하지 않았기 때문에 계속 좋은 생각을 떠올릴 수가 없어요. 그러다 보면 TV나 유튜브 같은 데서 다른 사람의 생각을 가져와서 자신의 생각인양 이야기하게 됩니다. 누군가의 생각을 훔치는 게 일상화가 되는 거예요. 나쁜 습관이 만들어지게 되고, 스스로 좋은 생각을 해낼 수도 없겠죠. 결과는 중요합니다. 하지만 과정이 뒷받침되지 않은 결과는 잠깐 좋아 보일 수는 있지만 계속될 수는 없어요.

: 군인들이 정치에 뛰어든 5·16군사쿠데타와 박정희의 독재 :

1961년 5월 16일 수천 명의 군인들이 군용트럭을 나누어 타고 한강다리를 건넙니다. 군인들은 무장을 했고 지프차, 장갑차, 탱크 등 무시무시한 무기들이 뒤를 따랐습니다. 군인들은 신속하게 청와대와 국회 그리고 방송국 등 국가의 중요한 기관들을 점령했어요. 우리 역사 최초의 군사 쿠데타가 일어난 것입니다.

이 군사 쿠데타가 일어나기 불과 1년 전에는 4·19혁명이 있었습니다. 국민들이 민주주의를 외치며 이승만 정권을 무너뜨린 사건이지요. 헌법을 고치고 새롭게 선거를 치른 끝에 장면 총리를 중심으로 민주당이 주도하는 새로운 정부가 들어섰답니다. 사회 곳곳에서 변화와 개혁을 바라는 목소리가 뜨거웠어요. 국민의 기본권을 보장하기 위해 헌법도 민주적으로 바꾸고 경제발전을 위한 계획도 세우는 등 분주한 시간이 이어졌어요. 하지만 박정희를 중심으로 한 군인들은 불법적으로 권력을 장악하기 위해 세력을 모았습니다. 그리고 민주당 정권이 세워진 지 1년도 안 되었는데 군대를 동원해서 권력을 빼앗았어요.

> **선상**
> 선의 위라는 뜻으로 어떤 상태가 계속되고 있다는 말이에요.

> **상명하복**
> 위에서 명령하면 아래에서는 복종한다는 뜻이에요.

> **일사불란**
> 한 올 실도 엉키지 않았다는 뜻으로, 질서가 정연한 모습을 말해요.

이들이 내세운 명분은 '조국 근대화'였습니다. '절망과 기아 선상에 빠진' 나라 상황이 엉망이기 때문에 이를 해결하기 위해서는 군인들의 나서야 한다는 것이었어요. 당시 우리나라는 너무나 가난했습니다. 6·25전쟁까지 겪으면서 경제적으로 너무 어려웠어요. 4·19혁명이 일어나고 새로운 변화를 시도했지만 채 1년도 되지 않았으니 큰 성과를 기대하기는 어려웠습니다. 군인들은 '상명하복'을 강조합니다. 적이 쳐들어오면 빠르게 대응해야 하기 때문에 조직력이 강하고 일사불란하게 움직입니다. 장군이 작전 명령을 내리면 수많은 장교들이 각자의 부대를 끌고 명령에 따라 움직입니다. 부대원들은 장교의 명령에 복종하면서 전쟁터에서 적과 싸웁니다. 이렇게 장군과 장교 그리고 부대원들이 명령에 따라 신속하게 움직이면서 적에게 승리를 거두는 것을 군대 문화라고 하거든요. 바로 이러한 군대 문화를 강조하며 어려운 경제 상황을 극복해서 모두를 잘살게 해 주겠다는 것이 박정희와 군인들의 명분이었습니다.

이때부터 1980년대까지 군인들이 주도하는 독재정권의 시대가 열립니다. 무작정 군복을 입고 통치했던 것은 아니었어요. 박정희의 경우 약 2년간 군사 정부를 이끌다가 민간인이 돼요. 그러고 나서 선거를 통해 투표로 대통령이 됩니다. 대한민국은 민주공화국으

경인고속도로 개통식에서 막걸리를 뿌리는 박정희의 모습

로 시작했고 불과 1년 전에 4·19혁명이 있었잖아요? 박정희는 조국 근대화만 주장하지 않았어요. 오히려 4·19혁명을 완성하겠다고 주장했습니다. '4·19혁명이 일어난 것은 정말 좋은 일인데 장면 총리와 민주당 정권이 국가 운영을 엉망으로 했다. 그러니까 나와 군인들이 중심이 돼서 4·19혁명을 완성시키겠다.'와 같은 주장으로 쿠데타를 합리화했습니다. 그만큼 국민들 사이에서 민주주의에 대한 열망이 높았기 때문에 군인들도 눈치를 봤던 거예요.

하지만 정당하지 못한 방식으로 권력을 장악하고 나니까 두고두고 문제가 생깁니다. 박정희는 1960년대 두 차례에 걸쳐서 선거를 통해 대통령이 됩니다. 오늘날처럼 선거가 투명하고 깨끗하게 운영되지는 않았어요. 뇌물이 성행했고 야당 후보자에 대

성행
매우 활발하게 유행하는 것을 말해요.

한 탄압도 많았습니다. 그럼에도 불구하고 박정희는 합법적인 선거를 통해 대통령에 당선이 되었으니 당시로써는 크게 문제가 되지는 않았습니다. 하지만 그다음부터 상황이 심각해집니다. 앞서 이야기했듯 대통령은 두 번까지 할 수 있잖아요? 그런데 또 대통령을 하고 싶은 거예요. 그러니 이번에도 헌법을 위반할 수밖에 없었습니다. 박정희는 새로운 명분을 만들었어요. '조국 근대화를 완성'하겠다고 약속했어요. '나라 경제가 이제 조금 나아지기 시작했다. 그래도 내가 대통령이 된 후 경제도 성장하고 살 만해지지 않았냐. 안타깝게도 8년이라는 시간이 훌쩍 지났다. 그러니 부득이하게 내가 한 번만 더하겠다. 진심이다. 딱 한 번만 더하겠다.' 이런 식의 논리로 헌법을 강제로 뜯어고쳤는데 이를 '삼선 개헌'이라고 합니다. 억지로 헌법을 고친 후에 대통령 선거에서 간신히 승리를 거둡니다. '이번 한 번만'이라고 주장했기 때문에 그다음에는 대통령 선거에 또 나올 수가 없잖아요? 그런데 박정희는 또 대통령이 하고 싶었어요. 솔직히 말하면 죽을 때까지 계속하고 싶었습니다.

그래서 1972년에 '유신체제'라는 것을 선포합니다. 기존의 헌법을 중지시켜 버려요. 박정희를 따르는 사람들만 모아놓고 체육관에서 투표를 합니다. 박정희 혼자 출마했고 박정희 지지자들만 모여 있으니까 당연히 박정희가 대통령이 되었죠. 임기는 6년으로 늘렸고 계속 출마할 수 있게 했습니다. 국회의원의 3분의 1은 대통령이 직접 지목했어요. 그리고 **중선거구제도**를 실시해서 한 지역에서 국회의원을 두 명씩 뽑았습니다. 이렇게 하면 2등까지 국회의원이 되니까 박정희 대통령을 지지하는 여당 후보가 당선되는 데 유

신문에 실린 비상계엄

'전국에비상계엄선포'라고 보도된 것이 보여요. 박정희 대통령은 강제로 유신체제를 만들었어요.

리했어요. 그러다 보니 국회의원의 대부분은 박정희 지지자들도 채워졌습니다. 또한 '긴급조치'라는 악법도 통과시킵니다. '박정희가 원할 때 언제든 헌법을 중단시킬 수 있고, 헌법과 관련 없이 어떤 명령이든 내릴 수 있다. 특히 박정희에 반대하는 민주화운동 세력을 강력히 탄압할 수 있다.' 이런 내용을 담은 것이 긴급조치였습니다.

중선거구제도
하나의 선거구에서 한 명의 당선자를 선출하는 소선거구제도와 달리 두 명에서 다섯 명을 선출하는 것을 중선거구제도라고 합니다.

길고 어두운 40년 독재 정치

민주공화정을 추구해 온 우리 역사 최고의 위기였습니다. 헌법과 선거, 입법부와 사법부가 무늬만 있을 뿐 아무런 역할도 하지 못했어요. 오직 박정희 대통령만을 위한 세상이었던 거예요. 이를 합리화하기 위해 박정희는 또 '조국 근대화'를 강조했습니다. '중화학공업을 발전시키겠다.', '건설 산업을 일으키겠다.' 온통 경제 성장만을 목표로 했습니다.

 실제로 박정희 정권은 경제 성장에 열심이었습니다. 한국 경제가 움직이기 시작했고 이전에는 없었던 변화들이 생겨났어요. 오늘날 대한민국 경제의 기초가 박정희 정권기에 마련이 되었답니다. 하지만 문제도 심각했어요. 정상적인 경제 성장이 아니었잖아요? 군인 정신에 기초해서 대통령이 밀어붙이는 경제 성장이었기 때문에 정경유착과 부정부패 문제가 생깁니다. 정경유착이라는 말은 정치와 경제가 들러붙어 있다는 말이에요. 원래 정치가는 국가 운영을 잘하고, 기업인들은 시장에서 장사를 열심히 하면 그만이잖아요? 그런데 국가를 군인들이 주도하고, 독재정권이 강력하니까 기업인들이 정치인들에게 빌붙기 시작하는 거예요. 기업인들은 정치인들에게 뇌물을 바치고, 정치인들은 기업인들에게 각종 특혜를 줍니다. 앞으로 진행될 경제개발계획을 미리 알려주어서 뇌물을 바친 기업인들이 막대한 이득을 얻게 해 주는 거죠.

 더구나 박정희 정권은 재벌·대기업 위주의 경제 정책을 펼쳤습니다. 국가가 지원하는 몇몇 기업가가 문어발처럼 수많은 기업체를 거느리는 구조가 만들어졌어요. 소수의 재벌·대기업이 국가 경제의 절반 이상을 장악하고, 중소기업이나 벤처기업이 활동하기에 어려운 구조가 되어 버린 거죠.

1979년 박정희 대통령이 암살을 당하면서 유신체제는 무너집니다. 하지만 전두환과 노태우를 중심으로 한 신군부가 12·12군사반란을 일으키면서 또다시 군인들이 권력을 장악합니다. 1961년부터 1987년까지 약 27년간 군인들이 주도하는 독재정권의 시간을 보냈어요. 이승만 정권의 장기 집권까지 더하면 무려 40년간 대한민국은 민주공화국임에도 불구하고 독재정권에 신음했던 셈입니다. 하지만 오랜 민주화운동 끝에 1987년 6월민주항쟁을 성공시킴으로써 비로소 대한민국은 오늘날과 같은 민주국가로 발전하게 됩니다.

대한민국의 경제발전

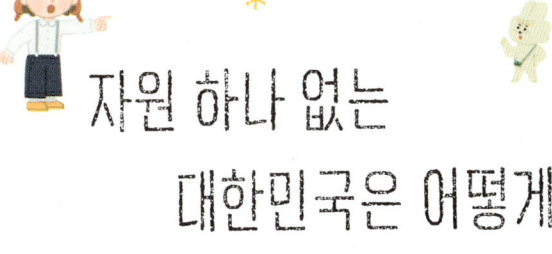

자원 하나 없는
대한민국은 어떻게
선진국이 된 거예요?

: 전략이 중요해요! :

무슨 일이든지 전략이라는 게 중요해요. 게임을 하든 공부를 하든 무작정 열심히 하기보다는 '이렇게 계획을 세워서 이런 결과에 도달해야지.' 하는 전략이 필요합니다. 선생님 말씀 잘 듣고 학교 수업을 잘 따라가면서 학원도 열심히 다니고 시키는 대로만 열심히 한다면 당장은 문제가 없을 거예요. 영어와 수학을 잘하면 높은 성적을 받을 수 있으니까요. 부모님이나 친구들도 공부 잘한다고 인정을 할 거고요. 하지만 우리가 영원히 학생으로 사는 게 아니잖아요? 대학에 들어가서 원하는 공부를 하기 위해서는 적성과 소질을 개발해야 하죠. 내가 잘하는 것이 무엇인지도 알아야 하고, 나의 재능에 직업적으로 어떤 비전이 있는지도 알아봐야 합니다. 대학생

이후의 인생에는 정답이 없거든요.

대학 입학 시험까지는 '이렇게 공부해라.', '이런 문제 유형이 배점이 높다.' 등등 학교 선생님, 학원 선생님, 부모님 등 많은 사람이 지도해 줍니다. 하지만 스무 살 이후에는 자신이 원하는 삶을 만들어 가야 하거든요. 스스로 생각하고 판단해서 결정해야 합니다. 이런 것들을 고려한다면 무엇을 해야 할까요? 학교나 학원이 가르쳐 주지 않는 나만의 실력을 기르는 게 중요할 거예요. 독서도 충분히 해야 하고, 박물관에 가거나 해외에 나가 보거나 직업 체험을 하는 등 남들과는 다른 경험을 많이 해 보는 게 중요하겠죠. 독서를 하더라도 학습만화나 베스트셀러만 읽을 게 아니라 내가 흥미로워하는 분야의 두툼한 책도 읽어 보면서, 깊게 고민도 해 봐야겠죠. 이런 노력이 당장에는 성과로 나타나지 않을 거예요. 하지만 10대 시절에 이런 노력을 꾸준히 하고 나면 20대에는 공부만 잘하는 학생과는 확실히 다른 나만의 시각, 나만의 아이디어, 나만의 길을 만들어 나갈 수 있답니다. 나의 인생을 두고 좀 더 전략적으로 고민할 때 보다 멋진 인생을 살아 나갈 수 있다는 얘기예요.

국가나 사회도 마찬가지예요. 장기적인 전망을 가지고 체계적인 노력을 한 나라와 그렇지 못한 나라는 시간이 흐른 후에 다른 결과에 도달하게 됩니다.

: 자원 하나 없는 불모지에서 사람이 일으킨 경제 :

선진국 대한민국. 얼마 전 유엔무역개발회의(UNCTAD)에서는 대한민국을 개발도상국이 아닌 선진국으로 분류했습니다. 국제사회에서 당당하게 선진국으로 인정받은 거예요. 1964년 유엔무역개발회의가 창설된 이래 개발도상국가 그룹에서 선진국 그룹으로 이동한 나라는 우리나라가 유일하다고 합니다. 식민지 제국주의 시대가 끝나고 세계 여러 나라가 독립했지만 민주주의가 발전하고 경제적으로 풍요로운 사회가 된 나라는 없다시피 했던 거예요.

우리나라는 어떻게 경제적으로 성공할 수 있었을까요? 대한민국의 경제 성장을 '정부 주도형 개발'이라고 부릅니다. 1960년대부터 정부가 주도하여 경제 발전에 힘을 썼거든요. '경제개발5개년계획'을 시작으로 전략적으로 경제를 성장시켰어요. 1960년대 박정희 정권이 들어설 무렵 우리나라에는 정말 사람밖에 없었어요. 6·25전쟁이 끝나면서 인구가 늘어납니다. '베이비붐'이라고 부르는데 아이를 많이 낳으면서 인구가 빠르게 증가합니다. 인구는 늘어나는데 일자리가 없었어요. 국민 대다수가 농사를 지었지만 농업기술이 떨어져서 쌀 자급에도 실패합니다. 우리나라 사람들의 주식은 쌀이잖아요? 농민들 대부분이 쌀농사를 지었는데 자급에 실패했다는 것은 그렇게 만들어진 쌀의 양이 전체 국민을 먹여 살리지 못했다는 말이에요.

공업이나 상업 같은 분야는 더욱 힘들었어요. 일제강점기 동안 공장이 지어지긴 했지만 고급 기술은 일본인들이 독점했었거든요. 일본인이 떠나면서 공장이 제대로 가동되지 않았어요. 더구나 6·25전쟁이 일어나면서 이런 공장들마저 대부분 파괴되었습니다. 사정이 이렇다 보니 정말 먹고살기가 너무 힘들었습니다. 수많은 사람이 대책 없이 도시로 몰려들었어요. 농사를 지어서는 도무지 먹고살 수가 없었지만, 그렇다고 도시에도 일자리가 많지 않았어요. 거리에는 실업자들이 넘쳐났습니다.

정부는 '1차경제개발계획'을 세우면서 본격적으로 경제를 성장시키려고 합니다. 우선 경공업을 발전시키고자 했습니다. 경공업은 가발이나 운동화를 만들거나 전자제품을 조립하는 낮은 수준의 공업을 말해요. 그리고 달러와 같은 외화를 도입합니다. 국내에 돈이 없으니까 다른 나라에서 돈을 가져 온 거예요. 돈을 빌리는 대신 사람들을 파견했습니다. 대표적인 것이 독일에 광부와 간호사를 파견한 사건이에요. 돈을 빌리려면 담보가 필요하거든요. 마침 독일에서 사람들이 많이 필요했어요. 탄광에서 석탄을 캐야 하는데 인력이 부족했고 의료 시설은 발전하는데 간호사로 일할 사람이 부족했거든요. 우리나라의 젊은 사람들이 대거 독일에 파견됩니다. 그 대가로 정부는 독일로부터 큰돈을 받을 수 있었고요. 이 돈을 투자해서 공장도 짓고 경제도 성장시키려고 했습니다. 1965년에는 일본과 정식으로 외교관계를 수립해요. 이때 일본으로부터 3억 달러를 받았어요. 당시 받은 돈으로 경부고속도로와 포스코라는 기업을 건설했다고 해요.

이 시기에 베트남전쟁이 일어납니다. 미국은 국군의 참전을 요구했어요. 많은 병력이 필요했거든요. 그 대가로 다양한 지원을 약속합니다. 군인들의 월급은 물론이고 한국인 기술자들을 고용하거나 한국 기업들의 성장을 돕겠다고 했어요. 우리나라는 베트남전쟁에 참전하면서 또 한 번 많은 돈을 법니다.

중화학공업 발전에 힘입어 빠르게 성장한 한국 경제

1970년대가 되면 정부는 중화학공업 발전에 집중합니다. 경공업으로 성장하는 데는 한계가 있거든요. 중화학공업은 철강, 전기, 석유 제품, 자동차 같은 산업을 말해요. 경공업과는 비교할 수 없이 기술적으로 난도가 높고 생산 과정도 복잡하기 짝이 없어요. 예를 들어 볼게요. 단단한 강철을 생산하려면 어떻게 해야 할까요? 철광석을 채굴해야겠죠. 그리고 철광석을 복잡하고 정교한 제조 공정을 통해 강철로 바꾸어야 해요. 이를 위해 거대한 공장을 지어야 하고, 첨단 기계가 필요해요. 큰돈을 투자해야 하고 오랜 시간을 들여야 한다는 말이에요. 더구나 단단한 강철을 제조하려면 전력발전소도 필요합니다. 끊임없이 안정적으로 전기 공급이 이어져야만 공장이 제대로 돌아갈 수 있으니까요. 즉, 철강 공장만 지어서는 안 되고 전력발전소 같은 사회기반시설들도 만들어야 합니다. 석유도 필요해요. 석유는 우리나라에 없는 자원이에요. 그렇다 보니 중동에서 수입해야 합니다. 유조선은 필수입니다. 석유를 가져오면 해안가에 위치한 거대한 공장에서 제조 공정을 거쳐서 휘발유도 만들고, 경유도 만들고, 플라스틱도 만드는 등 석유를 가공하는 다양한 과정을 거쳐야만 합니다. 사람들이 모여서 손으로 작업하는 경공업과 중화학공업은 차원이 다른 기술력을 필요로 합니다.

항만시설이나 도로교통이 발전해야 하는 것도 필수예요. 거대

> **사회기반시설**
> 국가시설의 기본이 되는 도로, 항만, 철도, 공항 등의 시설을 말해요.

한 유조선이 해안선에 닿으려면 거대한 항구 시설이 만들어져야 하거든요. 항구 인근에는 거대한 정유 시설, 즉 석유를 가공하는 시설이 만들어져야 하고요. 항구에서부터 도시로 이어지는 거대한 고속도로가 있어야만 해요. 우리나라의 대표적인 고속도로는 경부고속도로입니다. 부산에서 서울까지 이어지는 길인데요. 한반도의 대동맥이라고도 합니다. 지금과는 다르게 당시에는 냉전 시대였기 때문에 중국과 교류할 수가 없었습니다. 미국, 일본과 교류하면서 물건을 수입하고 수출도 했어요. 그러다 보니 많은 물자가 부산항을 통해 들어왔습니다. 반대로 우리나라에서 생산하는 수많은 물건도 부산항을 통해 세계로 나아가야만 했어요. 그래서 서울과 부산을 잇는 엄청난 길이의 고속도로를 완공합니다. 그리고 경부선을 중심으로 새로운 고속도로를 많이 놓았습니다. 중부고속도로, 서해안고속도로와 같이 한반도를 관통하는 다양한 고속도로를 놓기도 했고 주요 도시를 관통하는 도로들도 놓았습니다. 촘촘한 교통망이 만들어지면서 우리나라는 보다 강력한 산업국가로 성장했습니다. 우리나라를 보통 '가공산업이 발전한 나라'라고 부릅니다. 석유, 석탄 등 원자재를 수입해서 잘 가공한 다음에 철강, 전자제품, 반도체 같은 제품을 만들어서 수출했거든요.

자원은 부족하지만 우수한 인재가 많기 때문에 가능한 일이었어요. 우리나라는 조선 시대 때부터 교육을 무척 강조한 나라잖아요? 비록 가진 것은 없었지만 열심히 공부하고, 손재주가 좋고, 나

> **대동맥**
> 심장에서 온몸에 피를 보내는 동맥의 본줄기예요. 여기에서는 중요한 도로를 비유적으로 말해요.

라 경제를 발전시키고자 하는 의지가 투철했거든요. 또한 가족과 공동체를 중요하게 여기는 문화도 빠른 경제 발전에 한몫했습니다. 아버지와 어머니는 자식을 위해 희생하고, 국민 모두가 국가와 민족을 소중하게 여기는 문화 속에서 함께 힘써서 일할 수 있었어요. 정부가 주도하면서 강력한 정책을 펼치긴 했지만 여기에 호응해서 우수한 제품을 만들고 전 세계를 돌아다니며 수출한 것은 우리 국민이었습니다. 대한민국 국민의 치열한 노력이 없었다면 불가능한 성과였을 거예요.

전쟁으로 폐허가 되었던 대한민국은 우수한 인재의 힘으로 빠르게 경제를 성장시켰어요. 이 엄청난 성장 속도를 두고 해외에서는 '한강의 기적' 이라고 불렀답니다.

한일협정과 한일관계

왜 일본은 여전히 독도를 자기네 땅이라고 우기나요?

: 잘못을 했을 때 해야 할 행동 :

누군가에게 진심으로 사과해 본 적이 있나요? 혹은 그런 사과를 받아 본 적이 있나요? 사람은 누구나 잘못할 수 있어요. 실수로 잘못을 할 수도 있고, 고의로 누군가에게 상처를 줄 수도 있어요. 누구나 사는 동안 후회가 되는 행동을 하기 마련입니다. 중요한 것은 그다음인 것 같아요. '돌이켜보니 정말 미안하다. 앞으로는 안 그럴게.' 용기를 내서 상대에게 용서를 구하는 것. 멋지고 감동적이지 않나요? 잘못을 솔직하게 인정하는 모습은 상처를 받은 사람에게 용서할 수 있는 기회를 주는 일이기도 해요. 피해를 입고, 아픔을 겪고, 속상하고, 화도 나고, 다치기도 하고 그래서 너무 괴로운데 상대가 진심으로 미안하다고 용서를 구하면 기분이 어떻겠어요.

치유가 되고, 기분이 좋아지고, 이해도 되고 그런 마음이 생기면서 화해라는 것을 하게 됩니다. 잘못한 것에 대해 솔직히 인정하는 것, 그리고 미안하다고 사과하는 것. 이렇게 진정성 있는 행동이야말로 우리 모두를 행복하게 하는 방법이라고 생각해요. 나라와 나라 사이도 마찬가지인 것 같아요. 과거를 반성하거나 사죄하지 않고, 혹은 우리나라만 잘났다는 식으로 상대를 대하면 서로 사이좋게 지낼 수가 없겠죠?

: 정상국가로 둔갑한 일본과 한국 기업의 눈부신 성장 :

1960년대 우리나라는 한일협정을 통해 일본과 외교 관계를 맺습니다. 1910년 한일병합조약을 강제로 맺어 조선이 일본의 식민지가 되었잖아요? 그리고 1945년, 무려 36년 만에 일본이 패망하고 우리나라가 독립하게 되었죠. 대한민국이라는 새로운 나라는 6·25전쟁, 이승만 독재정권 그리고 4·19혁명과 5·16군사쿠데타 같은 시간을 보냈어요. 일본의 경우는 미국이 관리했습니다. 태평양전쟁에서 일본이 패망하자 맥아더 장군을 중심으로 도쿄에 사령부가 만들어지고 약 8만 명에 달하는 미군이 주둔했습니다. 수천 명의 미국인이 일본의 개혁을 주도했어요. 민주주의에 근거한 새로운 헌법을 만들고, 천황도 상징적인 존재라고 규정했습니다. 또한 헌법에 전쟁을 할 수 없는 국가로 명시했습니다. 또다시 천황을 숭배하면서 전쟁을 일으키지 않게 하기 위한 조치였습니다. 전범들도 재판하고 각종 민주적인 개혁을 진행했습니다.

하지만 중국에서 공산당이 승리를 거두고 한반도에서 전쟁이 일어나니까 미국은 입장을 바꿉니다. 아시아의 공산화를 막기 위해 서둘러서 일본을 일으켜 세우려고 해요. 이를 위해 샌프란시스코 강화회의라는 게 열려요. 미국이 세계 수많은 나라를 불러서 일본을 인정해 주자고 만든 회의입니다. '전범국가였지만 이제는 정상국가다.'라는 외교적인 조치를 취하려고 했습니다. 중국이나 소련은 크게 반발했어요. 전쟁을 일으킨 지 얼마 안 되었고 여전히 수많은 전범과 극우파들이 살아있는데 이렇게 쉽게 용서를 하다니! 더구나 전쟁 중에 큰 피해를 봤는데도 딱히 사과나 보상을 받지도 못했거든요. 우리나라의 경우 더욱 속상한 처지가 됩니다. 샌프란시스코강화회의에 초청조차 받지 못한 겁니다. 미국의 태도가 묘했어요. 대한민국은 새로 만들어진 신생국가이기 때문에 회의에 참가할 자격이 없다는 주장을 합니다. 우리나라는 임시정부를 근거로 들어 회의에 참가하려고 했지만, 안타깝게도 임시정부는 국제적으로 공인된 상태가 아니었습니다. 결국 일본에 의해 가장 많은 피해를 받은 우리나라는, 어떠한 사과와 보상도 없이 멀리서 일본이 정상국가가 되어가는 과정을 지켜만 보았답니다.

당시 미국은 하루속히 한국과 일본이 외교관계를 수립하고 가까운 독립국가가 되기를 원했습니다. 소련과 중국 그리고 북한은 저렇게 똘똘 뭉쳐서 공산주의를 퍼트리고 있으니 이를 막기 위해 미국과 일본 그리고 대한민국이 동맹을 맺어야 한다고 생각했어요. 동맹을 맺으려면 우선 외교관계부터 수립해야 하거든요. 하지만 쉽지 않았어요. 일본이 사과는커녕 '식민지를 경험했기 때문에 대한

> **망언**
> 이치에 맞지 않는 말을 함부로 하는 것을 말해요.

> **차관**
> 한 나라의 정부나 기업이 외국에서 돈을 빌려오는 것을 말해요.

민국이 잘살게 되었다.' 같은 망언을 쏟아 냈습니다. 갈등 끝에 1965년 박정희 정권은 한일협정을 통해 일본과 정식으로 외교관계를 수립합니다. 이때 일본이 3억 달러의 차관을 무상으로 우리나라에 줍니다. 이 돈은 경제 성장에 귀한 자금이 되었습니다. 또한 이때부터 한미일 삼각안보동맹이 만들어져서 지금까지 이어져 오고 있습니다. 우리나라의 경우 한미일 동맹을 적극적으로 활용했어요. 일본 기업으로부터 기술 지원을 받고 그 힘을 바탕으로 여러 제품을 생산해서 미국에 수출했거든요. 동맹 관계를 국가 경제 성장에 이용했던 거예요. 자동차, 전자제품, 반도체 등 많은 산업이 비슷한 과정을 통해 성장했습니다.

현대자동차의 경우 일본 기업으로부터 도움을 받아요. 자동차 회사를 세우긴 했지만 초기에는 조립 정도만 할 수 있었습니다. 외국산 부품을 국내에 들여와서 값싼 노동력으로 조립만 해서 수출했어요. 이 정도 수준으로는 돈을 벌기 어렵기 때문에 현대그룹은 직접 자동차를 제작하기로 합니다. 마침 일본의 자동차 기업들이 자기들끼리 경쟁을 하고 있었어요. 일본 기업들은 기술 이전을 약속하면서 현대자동차와 제휴했습니다. 현대자동차는 일본을 비롯해서 여러 나라와 협력하면서 자동차 제작에 성공합니다. 우리나라 최초의 자동차 '포니 1'이 그 결과물이에요. 자동차를 만들었으면 수출을 해야 하잖아요? 치열한 노력 끝에 현대자동차는 미국에 차를 수출하는 데 성공합니다. '포니2', '엑셀' 등 좋은 후속차를 생산하면서 미국에 수백만 대를 수출하는 데 성공을 거두게 돼요.

전자제품이나 반도체도 마찬가지예요. 1970년대까지만 하더라도 어머니들이 손빨래를 직접 했을 정도로 우리나라에는 세탁기 같은 가전제품이 보급되지 않았어요. 1980년대만 하더라도 일본에서 만든 '코끼리밥솥'이 인기였고, 반도체 생산은 꿈도 못 꾸었어요. 1990년대에는 소니, 파나소닉 같은 일본 브랜드의 전자제품이 최고의 인기를 끌었습니다. 하지만 자동차처럼 다른 분야에서도 성공이 이어졌어요. 한국산 TV, 세탁기, 밥솥 같은 전자제품이 성능도 좋은데 가격도 싸다는 소문이 나면서 수출에 성공하기 시작한 거예요. 반도체 산업은 수준 높은 정밀 산업이에요. 삼성그룹에서 반도체 생산을 한다고 하니까 '한국이 그 어려운 기술을 어떻게 구현하냐.'는 소리가 나올 정도였습니다. 하지만 노력이 계속되면서 현재는 자동차는 물론이고 전자제품과 반도체 등 다양한 분야에서 세계 최고의 제품을 생산하는 나라가 되었습니다.

물론 여기에서 가장 중요한 것은 기업가들의 탁월한 도전정신이에요. 미국이나 일본과 동맹 관계를 맺었다고 해서 무작정 잘살게 되는 게 아니잖아요? 기회를 만들고, 기술을 배우고, 아이디어를 내고, 불가능한 도전을 하고 그렇게 노력해서 성과를 내고, 성공하는 것은 기업인들의 몫이니까요.

일본의 경우 우리나라보다 한참 먼저 성장했어요. 6·25전쟁이 일어나니까 엄청난 규모의 미군이 일본을 거쳐서 한국으로 왔거든요. 군대 물자가 쏟아져 들어오면서 일본은 재기하게 돼요. 미군의

> **재기**
> 역량이나 능력을 모아서 다시 일어서는 것을 말해요.

전쟁을 지원하면서 기업이 다시 살아나고 경제가 발전하기 시작했어요. 이를 바탕으로 일본은 엄청난 수출국가가 됩니다. 세계 최고 수준의 자동차, 전자제품, 반도체 등을 생산하기 시작했고 미국뿐 아니라 동남아시아 등 곳곳에 진출하면서 세계적인 산업국가가 되었어요.

일본의 경우는 태평양전쟁에서 패배하긴 했지만 이미 미국이나 영국, 프랑스 수준의 기술력이 있었거든요. 재기할 수 있는 힘이 있었던 거예요. 하지만 우리나라는 식민지를 거쳤기 때문에 딱히 특별한 기술도 없었고 정말이지 맨몸으로 시작할 수밖에 없었어요. 일본을 흉내내기도 하고, 미국과의 관계를 활용하면서 차곡차곡 성장해서 오늘에 이르렀습니다.

: 반성하지 않는 일본과 여전히 지속되는 한일 갈등 :

하지만 한일협정은 많은 문제를 낳았습니다. 3억 달러를 무상으로 받았다고 했잖아요? 일본은 이 돈을 '배상금'이라고 하지 않고 '독립축하금'이라고 불렀어요. 사죄와 배상이 아닌 말 그대로 '새로운 나라를 만들어서 축하한다.'는 의미예요. 협정 내용도 문제가 많았어요. 식민 지배에 대한 사과가 빠진 것은 물론이고 일본이 책임져야 하는 행동에 대한 언급이 없었습니다. 식민지 기간 동안 수만 점의 우리 문화재를 불법으로 일본에 빼앗겼거든요. 이들 문화재는 극히 일부를 제외하고는 여전히 일본에 남아 있습니다. 일본에 의해 강제로 끌려가서 고통을 겪어야 했던 징용자, 위안부에 대한 배상도 외면했습니다. 일본이나 사할린에 남을 수밖에 없었던 재외동포와 원자폭탄 투하 당시 피해를 입었던 사람들에 대한 보호나 보상 또한 이루어지지 않았습니다.

심지어 독도가 누구 땅인가에 대해서도 합의를 보지 못했습니다. 일본에서는 여전히 독도를 '다케시마'라고 부르면서 자신들의 땅이라고 주장하잖아요? 원래 일본인들은 독도보다는 울릉도에 관심이 많았습니다. 울릉도 인근에 좋은 해산물이 많이 나오고, 울릉도에 좋은 나무들도 많았기 때문에 무역을 하고 싶어했어요. 더구나 울릉도와 독도가 동해의 중간에 있기 때문에 연해주나 만주로 진출하기에도 용이했고 군사전략상으로도 중요했거든요. 그런데 울릉도에는 우리나라 사람들이 많이 사니까 강제로 빼앗을 방법이 없었습니다. 그렇다면 독도라도 빼앗아야겠다고 생각하면서 1904년 러일전쟁이 일어났을 때 강제로 일본 땅으로 만들었습니다. 한반도 전체를 식민화하기 전에 독도부터 빼앗은 거예요. 한일협정 당시 이 부분을 두고 두 나라 사이에서 갈등이 많았어요. 하지만 대충 얼버무리는 식으로 협정을 맺고 나니까 두고두고 문제가 터져 나와 오늘날까지 한국과 일본 사이를 갈라놓는 갈등의 씨앗이 되고 말았습니다.

독일의 경우 사죄와 반성을 명확하게 했잖아요? 빌리 브란트 독일 총리가 폴란드에 가서 무릎을 꿇고 전쟁 범죄에 대한 참회를 했어요. 히틀러와 나치의 잘못을 다시는 반복하지 않기 위해 올바른 역사 교육에 힘쓰고 있기도 해요. 장난으로라도 팔을 쭉 벌리고 '하일 히틀러' 하면서 경례를 하더라도 체포가 될 정도거든요. 이에 반해 일본은 과거를 미화하거나 제2차세계대전 당시 핵폭탄을 맞아 피해를 입은 부분만 강조하는 등 정상적인 역사 교육을 외면하면서 오늘에 이르고 있습니다.

베트남전쟁

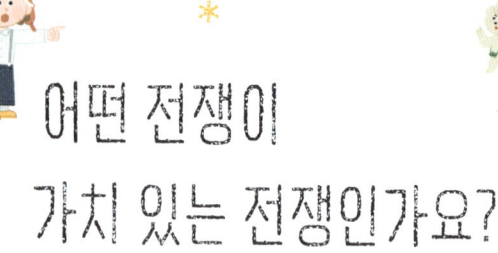
어떤 전쟁이 가치 있는 전쟁인가요?

: 가깝지만 먼 나라 동남아시아 :

부모님을 따라 동남아시아에 여행을 가 본 적이 있나요? 동남아시아에는 보라카이, 세부, 방콕, 푸켓, 발리 등 휴양지로 유명한 곳들이 많답니다. 색이 아름다운 바다와 드넓은 모래사장이 펼쳐져 있고, 휴양지 분위기 물씬 풍기는 리조트에선 달콤한 열대 과일을 마음껏 먹을 수 있어요. 동남아시아에는 앙코르와트, 보로부두르와 같은 놀라운 석조 건축물들이 많습니다. 불교가 발전한 지역이기 때문인데, 우리나라나 중국, 일본과는 다른 불교예요. 동남아시아의 불교를 '상좌부 불교'라고 하는데 개인의 수행과 깨달음을 강조합니다. 우리나라의 절과는 다르게 부처님이 누워 있기도 하고 불상이 화려하기도 합니다. 인도와 가깝기 때문에 인도 문화에 영향

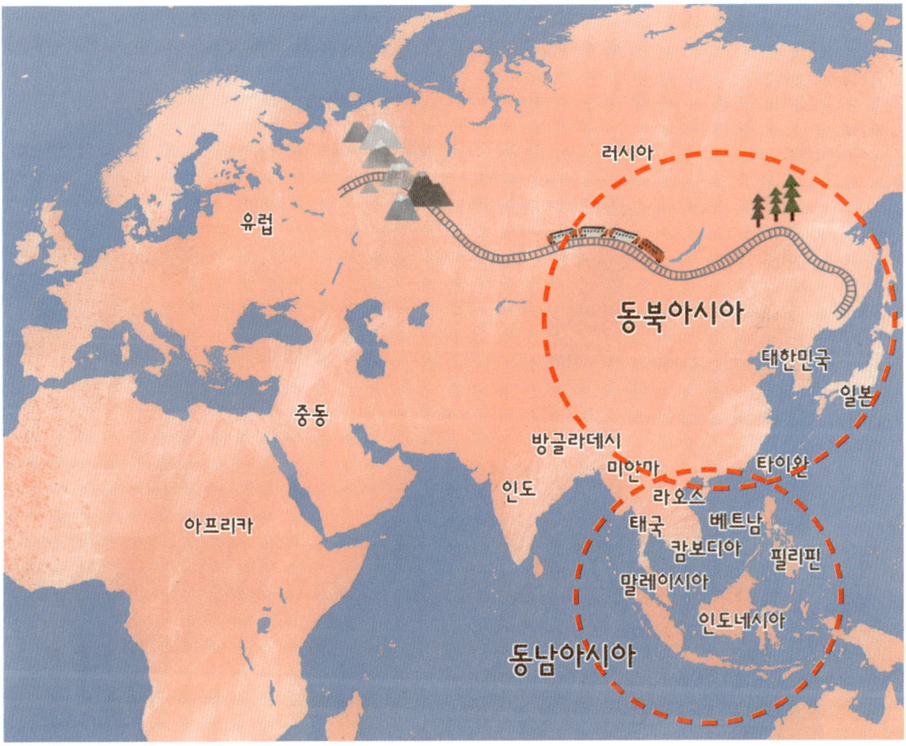

유럽과 인도의 길목 동남아시아

한국, 중국, 일본 그리고 베트남을 추가해서 동아시아라고 부르기도 합니다.

을 많이 받았어요.

  동남아시아는 지리적으로 중요한 곳이에요. 유럽이나 인도에서 우리나라로 오려면 동남아시아를 거쳐야 합니다. 반대로 우리 또한 유럽이나 인도로 가려면 동남아시아를 통해서 가야만 하고요. 동남아시아에는 많은 나라가 있는데 그중에 베트남이 있습니다. 최근에는 한국기업들이 많이 진출해서 우리나라와 무척이나 가까운 나라입니다. 베트남은 동남아시아 국가이면서도 한중일과 밀접한 나라예요. 중국 남부 지역과 붙어 있기 때문에 일찍부터 한자를 사용하고 유교 문화에 영향을 받았거든요. 중국의 남쪽에 거대한 땅을 인도차이나반도라고 불러요. 이곳에는 베트남, 라오스, 캄보디아라는 나라가 있습니다. 조금 서쪽으로 가면 태국과 미얀마가 나오고 미얀마를 지나면 인도가 나옵니다. 아래로 내려가면 필리핀과 인도네시아 같은 섬나라들이 있고 이곳을 지나면 오스트레일리아가 나와요. 인도차이나반도와 근처에 있는 섬나라들을 묶어서 보통 '동남아시아'라고 부릅니다.

우리나라의 경우 동남아시아와의 교류는 많지 않았어요. 주로 중국을 통해 간접 교류를 많이 했어요. 신라나 고려 시대까지만 하더라도 교류가 꽤 있었는데 조선 시대로 들어오면 바다에 대해 무관심해지면서 교류가 줄어들었습니다.

: 베트남 파병 결정과 수많은 부작용 :

하지만 1960년대 중반 수십만 명의 국군이 동남아시아의 베트남에 파병됩니다. 치열하게 베트남 군대와 싸웠습니다. 1970년대 중반까지 약 10년간 머나먼 타국에서 대한민국의 청년들이 목숨을 잃기도 하고 다치기도 했습니다. 대체 왜

> **파병**
> 군대를 보내는 일을 말해요.

이런 일이 벌어졌을까요?

　베트남은 프랑스의 식민지였습니다. 프랑스가 청나라와 전쟁을 벌여 승리를 거두고 베트남의 독립세력을 무너뜨린 후에 식민지를 삼았어요. 조선과 비슷한 처지였던 거예요. 베트남 사람들은 오랫동안 독립운동을 했습니다. 그중에 가장 유명한 인물이 '호찌민'이에요. 호찌민을 중심으로 주로 북베트남 지역에서 강력한 세력이 만들어졌어요.

　태평양전쟁 당시 일본군이 쳐들어와서 프랑스를 몰아냅니다. 그렇다고 일본이 베트남을 독립시켰던 건 아니에요. 베트남을 비롯한 인도차이나반도, 인도네시아 등 과거 프랑스, 네덜란드의 식민지를 빼앗았던 거예요. 하지만 일본이 미국에 패배하면서 물러나고 맙니다. 베트남이 독립할 수 있는 기회가 생긴 거예요. 그러나 프랑스가 다시 군대를 끌고 돌아옵니다. 호찌민을 중심으로 한 베트남 독립세력은 북쪽이 근거지였고 프랑스 군대는 남쪽에 있었기 때문에 북베트남과 남베트남이 싸우는 모양이었어요. 약 10년간 베트남과 프랑스는 치열하게 싸웠고 디엔비엔푸 전투에서 승리를 거두면서 프랑스를 몰아낼 수 있었어요.

　하지만 이번에는 미국이 군대를 끌고 옵니다. 미국과 프랑스는 공격의 목적이 달랐어요. 프랑스는 제국주의 식민지를 유지하기 위해서 왔던 거잖아요? 미국은 공산주의를 막기 위해서였어요. 호찌민을 중심으로 한 베트남 독립세력은 대부분 공산주의자들이었으니까요. '중국이 공산화되고 6·25전쟁까지 일어났는데 이번에는 베트남이 공산국가가 된다고?' 미국은 용납할 수 없었습니다. 대규모 병력을 베트남에 파견했습니다. 그리고 한국에도 파병을 요청했어요. 군대를 보내주는 대가로 한국군에 신형 무기를 제공하고, 병사 월급도 주고, 한국 기업이 베트남에서 활동할 수 있는 기회까지 주겠다는 파격적인 조건이었습니다.

박정희 정권은 파병을 결정합니다. 실전 경험도 쌓고, 실력도 기르고, 새로운 무기도 갖고, 돈도 벌고! 여러모로 이득이 있다고 판단한 거예요. 대규모의 군대 파견은 경제적인 효과가 있었어요. 광부, 간호사가 해외에 파견을 나가듯이 미국을 지원하면서 여러모로 돈을 많이 벌었습니다. 최근의 해외파병하고는 전혀 달라요. 지금도 국군은 평화유지군이라는 이름으로 세계 곳곳에 파견되어 있습니다. 직접 전투를 하기보다는 치안을 유지하고, 아이들을 교육하고, 식량을 원조하거나 집을 짓거나 우물을 파는 등 각종 지원 사업을 펼치는 게 주요한 임무입니다. 이런 활동은 모두 우리나라 예산으로 하는 거예요. 말 그대로 세계 평화에 기여하기 위해 파견이 되는 것이지 돈을 벌려고 가는 것은 아닙니다.

하지만 베트남전쟁은 달랐어요. 진짜 싸움이었고 우리는 이 문제를 경제적으로 계산을 했던 거예요. 남의 나라 전쟁을 통해 돈을 벌자? 생각할수록 씁쓸한 부분이에요. 돈을 벌기 위해서 전쟁터에 젊은이들을 보내는 일도 불편한 일이지만, 그것도 우리와 비슷하게 식민지 고통을 당한 나라에 군대를 보내는 일인 데다가, 무엇보다 프랑스와 미국을 상대로 독립을 이루려고 하는 나라를 방해하러 가는 일이었어요. 돈만 중요한 게 아니잖아요? 인간은 올바름, 도덕, 선함과 같은 가치를 중요하게 여기는 존재입니다. 베트남전쟁 파병은 아무리 미화를 하려고 해도 이러한 가치들과는 정반대에 있는 결정이었죠.

더구나 파병의 대가는 가혹했습니다. 우선 많은 사람이 죽거나 다쳤어요. 살아서 돌아온 사람들 또한 마음에 상처를 입었죠. 생각해 보세요. 6·25전쟁이 끝난 지 얼마 되지 않았잖아요? 간접적이긴 하지만 또 전쟁을 겪게 된 거예요. 군인들은 말할 것도 없고 국민들에게도 영향을 미쳤어요. 6·25전쟁 때의 비극이 떠오르니까요. 더구나 이때 북한은 다양한 방식으로 무력 도발을 했습니다. 무장공비를 보내서 박정희 대통령을 암살하려고도 했고 판문점에서 도끼로 미군을 죽이는 사건도 일으키는 등 남쪽을 향한 도발을 일삼았습니다. 베트남에서 전쟁이 벌어지니까 무력 도발을 통해 미국과 한국을 자극하려는 속셈이었죠. 상황이 이렇다 보니 사람들은 공산주의에 대해 더욱 경계할 수밖에 없었어요. 사회 분위기도 냉랭할 수밖에 없었고 독재자들은 민주주의를 주장하는 사람들을 빨갱이로 몰아 권력을 연장하려고 했어요. 박정희 정권이 18년이나 갈 수 있었던 배경에는 베트남전의 영향이 컸습니다.

: 베트남에 굴복한 미국과 끝나지 않은 비극 :

미국은 자신만만했어요. 압도적인 군사력을 가지고 있었으니까요. 전투기, 폭격기 같은 항공전력에서 세계최강이었고 우리 국군을 비롯하여 연합국의 군대가 도와주고 있었죠. 하지만 전쟁은 뜻대로 되지 않았어요. 베트남 군대는 게릴라 전투를 펼쳤습니다. 동남아시아가 더운 지역이잖아요? 날씨가 습하고 밀림이 울창한 곳이에요. 이러한 지형을 적극적으로 활용한 거예요. 베트남 군대는 어마어마한 규모의 지하시설을 만들었어요. 땅속에 군사 시설부터 병원, 식당 등 다양한 시설을 만들면서 미군을 상대했습니다. 빽빽한 밀림과 거대한 지하시설을 이용한 게릴라전으로 인해 미군은 골치가 아팠습니다. 폭격을 해도 통하지 않고, 지상전에서는 너무나 많은 군인이 죽었으니까요.

더구나 베트남 사람들은 대부분 호찌민과 북베트남 독립세력을 지지했어요. 무기가 좋다고 싸움에서 이기는 것이 아니랍니다. 미국은 너무나 곤혹스러웠어요. 독일과 일본을 무찔렀던 초강대국이 베트남이라는 나라에 수모를 당한 거예요. 마치 6·25전쟁 당시 한반도의 험한 지형, 지독한 추위 그리고 중국군의 유격전에 어려움을 겪었듯이 베트남전에서 미군은 새로운 수렁에 빠져들었습니다.

무엇보다 미국 내에서도 베트남전쟁에 대한 비판이 일어나기 시작했어요. 컬러TV가 보급되면서 베트남전의 실상이 미국에 알려진 거예요. 끔찍한 부상을 당하거나 정신적인 트라우마를 겪는 군인들의 고통이 컬러TV의 생생한 화면을 통해 알려졌어요. '왜 미국의 젊은이들이 낯선 땅에 가서 이런 고생을 해야 하는 거야? 이 전쟁이 정의로운 전쟁이 맞긴 한 거야?' 비판적 시선이 쌓이기 시작했습니다. 마침 미국에서는 마틴 루터 킹 목사를 중심으로 흑인차별에 반대하는 운동이 강력하게 일어났습니다. 여기에 더해서 여성운동, 환경운동 등 다양한 문화운동이 진행되었습니다. 이들은 반전운동을 함께 벌입니다. 잘못된 전쟁에서 손을 떼라는 것

> **반전운동**
> 전쟁에 반대하는 움직임을 말해요.

이었죠. 국민들이 전쟁을 비판하고 나서니까 정치인들이 곤혹스러울 수밖에 없었어요. 결국 미국은 철군을 결정합니다. 미군이 철수를 하니까 국군을 비롯해서 연합국의 여러 나라 군대도 모두 철수합니다. 그리고 호찌민을 중심으로 한 북베트남 독립세력에 의해 베트남은 통일이 됩니다.

베트남전쟁의 후유증은 여전히 남아 있어요. 우선 상처를 입은 베트남 사람들이 너무나도 많이 있습니다. 여전히 미국인이나 한국인을 두려워하는 사람들도 많고, 피해를 입은 마을에는 '증오비'를 새겨두기도 했어요. 우리나라 역시 베트남에 대한 고엽제 문제와 민간인 학살 문제의 가해자이자 피해자예요. 베트남의 밀림이 워낙 거대했기 때문에 미군은 항공기를 이용해서 고엽제를 뿌렸어요. 약물을 써서 풀과 나무를 죽이려고 한 거예요. 엄청난 환경 파괴가 있었습니다. 또한 고엽제는 사람들의 몸까지 망가뜨렸습니다. 고엽제 때문에 많은 군인들이 암을 비롯하여 각종 질병에 걸렸거든요. 억울하게 죽어간 민간인들에 대한 문제도 여전히 해결되지 않았어요. 전쟁은 언제나 억울한 죽음을 만드는 것 같아요. 미군이나 국군이 작전 수행 중에 민간인을 공격하거나 때로는 분풀이로 베트남 사람들을 괴롭힌 경우가 많았거든요. 고엽제도 그렇고 민간인 학살 문제 역시 베트남과 미국 그리고 한국을 비롯한 국제사회가 책임감을 갖고 해결해야 합니다.

전태일과 노동운동의 역사

힘 없는 사람들이 모여 역사를 바꿀 수도 있나요?

: 노동하는 존재, 인간 :

사람은 먹고사는 존재입니다. 정확히 말하면 모든 인간은 '노동하는 인간'이라고 할 수 있어요. 옛날에는 농사를 짓고 땅에서 나오는 수확물로 먹고 살았다면 지금은 회사에 취직을 하고 월급을 받으면서 생활을 합니다. 물론 사업을 할 수도 있고 프리랜서로 살 수도 있지만 어떻게 살더라도 매달 월급을 받아야 합니다.

    적당한 노동 시간, 안정적인 수입 등 좋은 일자리가 많아야지 우리의 삶이 행복해지겠죠? 낮에는 열심히 일하지만 퇴근 후에는 가족과 함께 편안히 시간을 보낼 수 있어야 하고, 월급도 가급적 많이 받아야지 저축도 하고 집도 사고 여행도 갈 수 있어요. 좋은 일자리가 많아질수록 가족 구성원 모두가 행복해질 수 있습니다. 우리 모두는 나이가 들어 어른이 되면 일자리를 가져야 하고 스스로 노력해서 돈을 벌어야 해요. 그러니까 노동자들이 행복한 사회를 만드는 일이 중요할 수밖에 없죠.

그래서 국가에서는 노동법도 만들고 헌법에 노동자의 권리를 보장하기도 합니다. 하지만 처음부터 그랬던 것은 아닙니다. 지금은 당연한 일들이 1970년대만 하더라도 전혀 당연하지 않았으니까요.

: 노동자의 희생을 발판 삼아 성장한 경제 :

1960년대 이후 경제 성장이 본격화되면서 많은 사람이 도시에 몰려들었어요. 이들은 대부분 공장에 취업해서 노동자가 되었습니다. 이때까지만 하더라도 경공업이 발전했기 때문에 여성 노동자가 많았습니다. 패션의 중심지라고 할 수 있는 동대문 일대에 옷을 만드는 봉제공장이 많았어요. 시골에서 자란 어린 여성들이 이곳에서 일을 많이 했습니다. 지금처럼 초중고 의무교육을 모두가 받던 시절이 아니었거든요. 가난한 아이들은 기껏해야 중학교를 졸업한 후 바로 일터에 나가야만 했어요. 체계적으로 교육을 받고 대학교에 진학해서 원하는 직장에 다니면서 본인이 원하는 꿈을 이루는 사람들은 소수였습니다. 많은 청소년이 일찍 일터에 나와서 고된 일을 했고 그렇게 해서 번 돈을 아끼고 아껴서 가족들과 나누어 쓰면서 힘겨운 삶을 살아야만 했답니다.

그런데 일하는 환경이 너무 안 좋았어요. 하루에 열두 시간 노동은 기본이었습니다. 야간 작업도 수시로 있었고요. 토요일, 일요일에도 잔업을 시켰습니다. 퇴근 시간이 끝나도 밤 늦게까지 일하는 것은 당연했고요. 주말에 잔

> **잔업**
> 정해진 노동 시간이 끝난 뒤에 하는 노동을 말해요.

업을 하면 수당이 나오기 때문에 거절하기 어려웠습니다. 워낙 월급이 적었기 때문에 잔업을 통해 벌 수 있는 돈의 유혹을 이길 수가 없었습니다. 잔업 수당을 벌기 위해 잠 안 오는 약을 먹기도 했어요. 처음에는 한 알만 먹어도 밤을 샐 수 있었는데 약을 반복해서 먹게 되면 약효가 떨어지는 내성이라는 것이 생기거든요. 나중에는 두세 알을 먹어도 졸음이 쏟아졌다고 해요. 약에 중독되어 가고 있었던 거죠.

일하는 시간이 너무 긴 데다가 근무 조건도 안 좋았어요. 점심 시간은 딱 30분이었는데 앉은 자리에서 식사를 하고 끝이었다고 해요. 도무지 여유가 없었던 거예요. 더구나 옷감이나 천을 다루면 먼지가 보통 나는 것이 아니거든요. 먼지 구덩이에서 식사를 했던 거예요. 관리자들은 엄격하기 그지없었고 심지어는 일을 열심히 하지 않는다면서 폭행을 가하거나 괴롭히기까지 했습니다. 지금과는 정 딴판이었던 세상이었어요.

이러한 현실에 분개한 사람이 전태일이었어요. 전태일 역시 어려운 가정에서 자랐지만 동대문에서 봉제 기술을 배우면서 잘 성장했습니다. 기술이 있었기 때문에 어린 나이에도 비교적 높은 월급을 받았어요. 전태일은 자신이 편안하다고 해서 어린 여성 노동자들의 심각한 노동 환경을 외면하지 않았어요. 오히려 정말 안타

전태일이 작성한 설문지

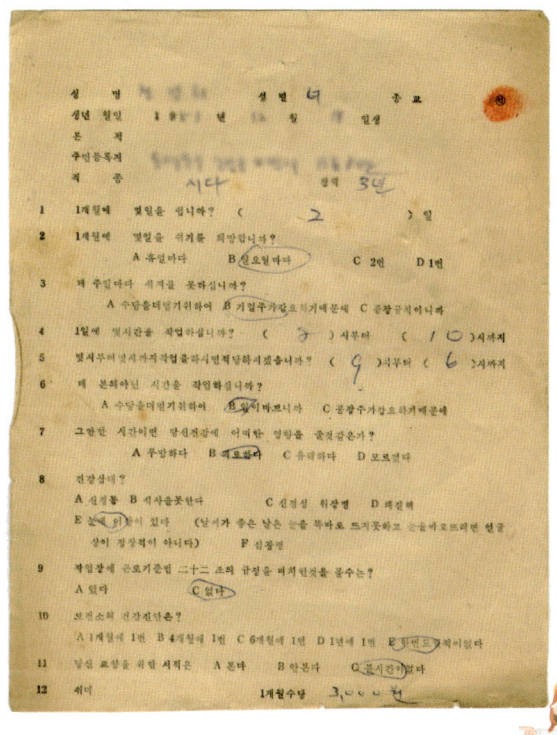

전태일이 평화시장에서 일하던 노동자들의 실태를 조사하기 위해 돌린 설문지예요. 고작 열두 살에서 스무 살이 안 된 여공들이 한 달에 28일, 매일 아침 8시부터 밤 10시까지 일했다는 것을 알 수 있어요. 이 때문에 온갖 질병에 시달렸답니다.

까워했습니다. 노동자들이 관리자들에게 박대를 당하고, 고된 노동으로 몸이 망가지는 모습이 너무나 속상했던 거죠. 그러던 중에 우연히 '근로기준법'이라는 것을 알게 됩니다. 하루 여덟 시간 노동, 무리한 야근과 잔업 금지, 점심 식사 시간 보장 및 주말 휴일 보장 등등 당시의 노동법은 지금과 별 다를 바 없이 좋은 내용이었습니다. 전태일은 크게 충격을 받았습니다. '내가 바보였구나. 이렇게 좋은 법이 있었는데 이것을 몰랐다니.' 전태일은 '바보회'를 조직하고 '근로기준법 준수 운동'을 펼쳐 나갑니다. 근로기준법만 지켜도 노동자들의 삶이 좋아질 수 있다고 본 거예요. 전태일 주변에 많은 노동자가 몰려들었어요. 너무나 고된 노동 환경을 바꾸고 싶었던 거예요. 대통령에게 직접 편지도 쓰고, 장관이나 시장도 만나면서 현실을 고쳐 달라고 요구도 많이 했습니다. 하지만 약속은 지켜지지 않았어요. 권력자들은 알겠다고 대답만 할 뿐이었고 국가는 노동자의 편을 들지 않았습니다. 결국 전태일은 분신을 선택합니다. 노동 현장의 아픔을 온몸으로 고발하고자 몸에 기름을 끼얹었어요.

: 전태일의 노력으로 꽃 피기 시작한 노동운동 :

1970년 전태일의 죽음은 세상에 큰 충격을 주었습니다. 그때까지만 하더라도 사람들이 노동문제에 관심이 없었거든요. 정치인들은 민주주의를 외칠 뿐 현실 문제에 대해 잘 몰랐어요. 전태일이 죽고 나니까 그제서야 많은 정치인들이 공장을 방문하고 노동자들의 삶이 얼마나 끔찍한지 실상을 알게 됩니다. 이때부터 국민들도 노동문제에 대해 조금씩 관심을 가지게 되었답니다.

전태일 이후 많은 노동자와 그리고 뜻있는 성직자들이 노동문제를 두고 싸우기 시작합니다. 대표적인 단체가 '도시산업선교회'예요. 우리나라가 농업국가에서 산업국가로 바뀌면서 공장이 계

속 늘어나니까 공장노동자들에게 기독교를 전파하기 위해 만들어진 단체입니다. 처음에는 목사, 전도사들이 단순히 기독교를 전하려고 공장을 방문했어요. 그런데 노동자들을 직접 만나 보니까 현실이 너무 심각한 거예요. 도시산업선교회는 잘못된 노동문제를 고발하는 활동을 합니다. '휴일에는 푹 쉬면서 삶을 재충전해야만 한다.', '토요일 오후에는 미팅도 하고 친구들도 만나면서 여가생활을 즐기고, 일요일에는 예배도 드리고 즐거운 시간도 보내야만 한다.', '인간이 누려야 할 존엄성이 파괴되어서는 안 된다!' 너무나 당연한 이야기를 주장하기 시작한 거예요. 선교회에서는 야학을 만들어서 노동자 교육에도 앞장섭니다. 뭘 알아야 요구할 수 있다고 본 거예요. 인간의 존엄성, 인간이 당연히 누려야 할 권리, 노동자가 마땅히 받아야 할 보상 등을 가르쳤습니다.

여성 노동자들 또한 적극적인 활동을 시작해요. 동일방직, 원풍모방 등 당시에는 유명한 회사들이었는데 이곳의 여성 노동자들이 노동조합을 결성합니다. 노동자들의 입장을 대변할 수 있는 대표를 뽑고, 대표를 중심으로 노동조합이 회사와 협상하면서 임금도 올리고 여러 가지 요구사항을 주장하기 위해서입니다. 이러한 권리는 지금도 그렇지만 당시에도 헌법이나 노동법에 보장되었던 것들이에요. 하지만 이런 식으로 노동자들이 적극적으로 권리를 요구하니까 탄압이 강력해지기 시작했어요.

돈을 적게 주고 오래 일을 시키는 게 회사 입장에서는 좋잖아요? '노동자의 권리를 주장하는 것은 공산주의에 물들었기 때문이다.', '이런 식으로 노동자가 권리를 주장하면 회사가 망한다.', '빨갱이들을 몰아내야지만 회사가 운영될 수 있다.'와 같은 논리로 악덕 기업주들이 노동자를 공격하기 시작합니다. 노동조합과 선교회의 활동을 방해하기 위해 사람을 동원해서 폭력을 행사하기도 했어요. 정부 또한 회사 편이었습니다. '때가 어느 때인데 권리를 주장한다는 말이야? 더욱 열심히 일해서 수출을 많이 해서 나라를 살려야 해!' 정부의 입장은 철저하게 경제 성장에 맞추어져 있었고 노동자들의 복지 문제에는 관심이 없었습니다.

수많은 탄압이 있었지만 노동운동은 계속되었어요. 그러다가 1979년 'YH사건'이라는 게 일어나요. YH무역이라는 회사가 있었어요. 회사가 크게 번창을 했는데 사장이 임금도 주지 않고 모든 재산을 챙겨서 미국으로 도망간 거예요. 이 회사를 다니던 여성 노동자들은 너무 억울하니까 당시 야당이었던 신민당에 찾아가서 억울함을 호소했습니다. 그랬는데 경찰이 들이닥쳐서 노동자들은 물론이고 야당 국회의원들까지 폭행하는 사건이 일어납니다. 당시 야당 지도자는 김영삼이었는데 그가 이 사건을 두고 강력하게 비판을 합니다. 〈뉴욕 타임스〉와 인터뷰를 하면서 "미국은 독재정권과 민주주의 중 하나를 선택하라!"라는 말까지 해요. 이 때문에 강제로 국회의원직을 박탈당합니다. 하지만 YH무역 여성 노동자들의 노력과 야당 지도자 김영삼의 강력한 반발로 인해 부산과 마산에서 민주항쟁이 일어나게 되면서 박정희 정권이 무너지게 됩니다. 노동자들의 노력이 민주주의 발전에도 큰 영향을 미쳤던 거예요.

민주주의의 역사

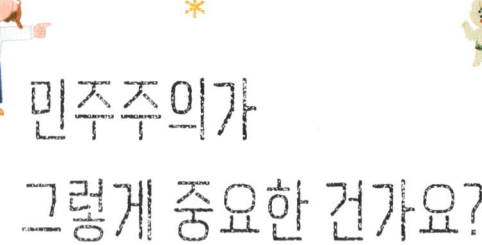

민주주의가 그렇게 중요한 건가요?

: 민주주의는 우리가 만들어 가는 거예요 :

민주주의는 무엇일까요? 정말 많이 쓰는 말이지만 설명하라고 하면 어려운 것 같아요. 자유롭게 생각하고 자유롭게 표현하는 것? 차별당하지 않고 내 권리를 보장받는 것? 노동자들이나 여성들이 존중받고 풍요로운 삶을 사는 것? 환경을 파괴하지 않고 인간과 자연이 모두 평화롭게 사는 것? 이 모든 것들은 민주주의와 관련되어 있습니다.

무엇보다 핵심은 '민주(民主)'! '민주'의 뜻은 '국민이 주인이다.'입니다. 국가의 주인이 왕이나 귀족이 아니라 국민이라는 말이에요. 그래서 국민이 자유롭게 원하는 바를 이루며 모두 함께 평등하게 잘 살아가는 것. 바로 이런 가치가 민주주의의 핵심인 것 같아요. 위에서 말한 여러 가지 가치는 결국 국민이 생각하고 바라는 것들이잖아요? 모두가 자유롭고, 차별이 없이 평등하고, 풍요롭지만 누군가를 괴롭히지 않고, 누군가가 희생당하지 않는 것. 민주주의라는 것은 우리 모두가 주인이기 때문에 우리 모두가 행복해야 한다는 뜻을 담고 있습니다. 교과서에 나온 글씨에 줄 긋고 무작정 외우는 것이 아니라 서로 대화하고 토론하고 소통하면서 새로운 이야기를 거듭거듭 만들어 가는 것, 그 자체가 민주주의란 말이에요.

: 민주주의를 쟁취한 시민의 나라 :

우리나라는 이미 1960년에 4·19혁명이라는 민주혁명을 성공시켰습니다. 하지만 5·16군사쿠데타와 12·12군사반란이 일어나면서 독재정권이 오랫동안 이어졌어요. 그리고 이러한 독재정권에 맞서 싸우면서 민주주의를 회복하려는 노력 또한 끊임없이 이어졌습니다.

장준하가 독재정권에 맞서 싸운 대표적인 인물입니다. 장준하는 일제강점기 때 강제로 징병되어서 중국으로 끌려갔습니다. 하지만 이곳에서 여러 동료와 모의해서 탈출하는 데 성공합니다. 그리고 충칭에 있는 임시정부를 찾아가요. 3,000km에 달하는 어마어마한 길을 걸어 갑니다. 수천 미터에 달하는 눈 덮인 산을 맨몸으로 넘어야 할 정도로 험한 길이었어요. 중간중간 중국인 마을에 머물면서 연설도 하고, 발표회도 하면서 독립 의기를 알렸습니다. 조선 청년들의 박력 있고 단호한 모

> **의기**
> 어떤 일을 하려고 뜻을 두거나 힘을 쓰는 일을 말해요.

잡지 <사상계>를 발행하던 시기의 장준하

습에 많은 중국인이 감동했고 크게 화제가 되기도 했어요. 이렇게 임시정부에 도착한 장준하는 광복군이 됩니다. 미군의 지도를 받으며 특수 훈련을 했습니다.

해방 후에도 활발한 활동을 벌였는데 특히 그가 발행한 〈사상계〉라는 잡지가 인기가 좋았어요. 잘 팔릴 때는 매달 10만 부씩 나갔는데 현실을 고민하는 수많은 지식인과 학생들이 이곳에 글을 쓰고, 쓴 글을 읽고 토론을 벌였어요. 하지만 5·16군사쿠데타가 일어난 후에 군인들이 사상계를 강제로 없애버립니다. 국민들이 주체적으로 생각을 하고 적극적으로 토론을 하는 것을 막기 위해서였죠. 이때부터 장준하는 민주화 투쟁에 나섭니다. 민주국가에서 독재라니! 받아들일 수가 없었던 거죠. 장준하뿐 아니라 많은 사람이 함께 박정희 정권을 비판하면서 싸웠습니다. 이런 이들을 당시에는

'재야인사'라고 불렀어요. 수많은 재야인사가 박정희는 물론이고 전두환 정권과도 싸웠습니다. 민주주의가 일어나야 나라가 바로 선다고 보았으니까요.

학생들 또한 열심이었습니다. 4·19혁명 때만 하더라도 중고등학생들이 혁명을 이끌었습니다. 대학생들이 많지 않았거든요. 하지만 점차 교육 수준이 높아지고 대학이 많아지면서 대학생의 숫자도 늘어났어요. 대학에서 학문을 연마하면서 독재정권에 대한 문제의식을 가지게 되었습니다. 대학생들의 경우는 1980년대 민주화운동에서 가장 강력한 영향력을 발휘했어요. 수만 명의 대학생이 시청이나 광화문을 가득 채우고 '전두환 정권 물러가라!'라고 강력하게 외쳤답니다.

우리나라 독재정권은 언제부터 무너지기 시작했을까요? 1979년 부마민주항쟁 때부터예요. 부산과 마산에서 박정희 정권을 반대하는 시위가 강력하게 일어났거든요. 부산대학교와 영남대학교 학생들이 학교 운동장에 쏟아져 나와서 "독재 정권 물러가라!"라고 외쳤어요. 이에 시민들이 크게 호응했습니다. 부산과 마산 시내에 수많은 시민이 몰려나와서 시위를 벌였습니다. 결국 부마민주항쟁으로 18년간의 박정희 독재정권이 무너집니다.

이때 새로 등장한 인물이 전두환이었어요. 전두환 또한 장군이었는데 그는 '하나회'라는 비밀 모임을 운영했어요. 노태우를 비롯하여 여러 장군이 하나회 소속이었죠. 이들은 1979년 12월 12일에 군사반란을 일으키면서 권력을 장악합니다. 얼마 후인 1980년 5월 18일 광주에서 민주화운동이 일어납니다. 전두환은 끔찍한 결정을 내려요. 군대를 파견해서 시민들을 공격한 거예요. 소총으로 시민들을 쏘았고 장갑차와 탱크는 물론이고 심지어 헬기까지 등장했습니다. 나라를 지키고 국민을 보호해야 할 군인들이 거꾸로 국민을 공격하고 사람을 죽이는 끔찍한 일이 벌어진 거예요.

그렇게 등장한 정권이 전두환 정권입니다. 이미 오래전부터 국민들은 독재정권을 싫어하고 민주화를 원했거든요. 박정희 대통령이 죽고 나니까 다들 민주화가 될 줄 알았어요. 그런데 새로운 독재자가 등장한 거예요. 인기가 있을 리 없었죠. 전두환은 이를 만회하기 위해 프로 야구, 프로 축구 같은 스포츠를 활성화시키고 할리우드 액션 영화 같은 외국 문화를 적극적으로 보급합니다. 정치에는 관심을 갖지 못하게 하려는 전략이었습니다.

하지만 전혀 먹혀들지 않았습니다. 대학생들을 중심으로 거의 매일 시위가 일어났어요. 특히 5·18민주화운동 당시 억울하고 참혹한 죽음에 대한 대학생들의 분노가 컸습니다. 재야인사, 야당 정치인 등 수많은 사람이 거리에 나와서 민주화를 요구했

> **5·18민주화운동**
> 1980년 5월 광주와 전라남도 시민들이 중심이 되어 전두환을 비롯한 신군부 세력이 물러나고 민주정부가 들어서기를 바라며 시위를 일으키자 계엄군이라고 불리는 군대가 시민들을 때리고 죽이기까지 했던 사건이에요. 후에 6월항쟁이 일어나는 계기가 됩니다.

습니다. 이 와중에 사건이 터집니다. 1987년 1월에 대학생 박종철이 고문을 당하다가 죽은 거예요. 시위를 벌이다가 경찰에 잡혀갔어요. 모진 고문 끝에 죽었는데 경찰은 사건을 은폐합니다. 탁자를 강하게 내리치며 질문하자 박종철이 갑자기 '억' 하면서 쓰러졌다

— 대학생 이한열의 죽음을 추모하기 위해 모인 인파 —

이한열을 추모하기 위한 군중이 시청 앞 광장을 가득 메운 모습이에요. 이한열의 죽음을 추모하고 민주화를 부르짖는 시민들의 시위는 전국적으로 연인원 500만 명이 참가한 '6월 항쟁'의 출발점이 되었어요.

은폐
덮어서 감추고 가려서 숨기는 것을 말해요.

는 거예요. "'탁' 하고 치니 '억' 하고 죽었다."라는 해명이었는데 말도 안 되는 소리였죠. 박종철의 죽음에 사람들은 더욱 분개합니다. 이러한 분노가 쌓이고 쌓이면서 1987년 6월에 전국적으로 대규모 항쟁이 일어나요. 이때 대학생 이한열이 경찰이 쏜 최루탄에 맞아 죽는 사건이 발생합니다. 1987년이면 컬러TV가 보급이 되었거든요. 이한열이 최루탄을 맞은 후 의식을 잃고 쓰러지던 모습이 전국에 생중계가 되었습니다. 광주에서 수많은 사람이 피해를 입었는데 이제는 민주주의를 요구하는 대학생들까지? 100만 명이 넘는 인파가 거리에 쏟아져 나왔습니다. 결국 전두환 대통령의 후계자였던 노태우가 국민의 요구를 받아들이고 민주주의를 실천하겠다는 선언을 하고 맙니다. 국민에게 항복한 거죠. 이를 6월민주항쟁이라고 합니다. 오늘날 우리가 사용하고 있는 민주헌법이 이때 만들어집니다. 국민들은 대통령, 국회의원을 직접 뽑고 다양한 권리를 보장받는 민주사회가 비로소 이때 시작된 거예요. 약 40년간의 투쟁 끝에 이루어낸 귀중한 성과입니다.

: 개혁의 김영삼과 평화의 김대중 :

대한민국이 민주화되는 데 있어서 중요한 정치인들이 있습니다. 김영삼과 김대중이라는 인물이에요. 김영삼은 "닭의 모가지를 비틀어도 새벽은 온다."라는 말로 유명합니다. 민주주의를 요구하는 국민을 아무리 탄압해도 민주주의는 반드시 성취될 것이라는 의미입니다. 김영삼은 국회의원을 무려 아홉 번이나 하면서 독재정권과 치열하게 싸웠습니다. 그리고 1993년에는 비로소 대통령이 됩니다. 김영삼 대통령은 개혁을 강조했습니다. 대통령이 되자마자 자신이 소유한 재산을 공개합니다. 그리고 정치인, 관료, 공무원 등 국가를 이끄는 지도자들의 재산 공개를 주도합니다. 진정한 민주주의는 깨끗하고 청렴한 도덕성이 있어야 발전한다고 보았습니다. 정

정당당하게 돈을 벌고 부정부패를 멀리해야 한다는 소신이었어요.

김영삼은 과감한 개혁을 이끌었습니다. 전두환이 이끌던 비밀모임 하나회를 해체해요. 그리고 '역사바로세우기'를 주장하면서 12·12군사반란과 5·18민주화운동 진압에 대한 수사를 진행합니다. 전두환, 노태우 등 여러 장군들이 구속되었고 재판에 넘겨졌습니다. 이 때문에 우리나라에서는 다시는 군사 쿠데타가 일어나지 않게 되었죠.

경복궁을 가리고 있던 조선총독부 건물도 이때 해체합니다. 광화문은 우리에게 상징적인 공간이잖아요? 사람들이 가장 많이 모이는 거리이기도 하고 민주주의를 외칠 때 광화문에 모였으니까요. 그런데 그 앞에 일제강점기 때 만든 총독부 건물이 있으니까 모양새가 너무 안 좋았습니다. 이곳을 철거하고 경복궁을 복원하기 시작합니다. 이때부터 전통문화를 회복하려는 노력이 지금까지 이어지고 있어요. 경복궁뿐 아니라 덕수궁 같은 조선 시대의 궁궐은 물론, 전국적으로 삼국 시대와 고려 시대의 다양한 유물과 유적을 연구하고 복원하는 사업을 활발히 펼치기 시작했어요.

김영삼의 뒤를 이어 대통령이 된 인물이 김대중입니다. 김대중은 김영삼 못지않게 오랫동안 독재정권과 싸웠던 인물입니다. 사실 김대중은 너무나 가혹한 고통을 받았어요. 박정희 정권은 김대중을 암살하려고 했거든요. 김대중이 일본에 머물고 있을 때 중앙정보부 요원들이 강제로 김대중을 납치해서 몸을 꽁꽁 묶고 돌을 매달아서 대한해협에 빠뜨리려고 했습니다. 전두환 정권은 5·18민주화운동을 '김대중내란음모사건'으로 조작했어요. 김대중과 광주시민들

대한민국 민주화에 앞장선 김영삼과 김대중

이 반란을 일으켰고 그것을 전두환 정권이 막았다면서 김대중에게 사형을 선고했습니다. 하지만 해외 교민들과 미국 정치인들의 도움으로 위기를 벗어날 수 있었습니다.

김대중은 김영삼의 뒤를 이어 대통령이 되었습니다. 1997년 말에 **외환위기**가 일어나요. 너무나 오랜 기간 정경유착과 부정부패가 심했는데 드디어 터진 거예요. 김대중은 경제 구조를 바꾸기 위해서 노력했습니다. 재벌대기업을 개혁하고, 여러 은행을 통합하면서 산업 구조를 경쟁력 있게 바꾸었습니다. IT산업을 지원하면서 한국이 중화학공업을 넘어서 스마트기술국가로 발전하는 데도 중요한 역할을 했습니다. 김대중은 국제적으로도 유명한 인물이었어

> **외환위기**
> 국내에 있는 달러 등의 외화가 크게 줄어들어 국제통화기금(IMF)에서 달러를 빌린 일을 말해요. 외환위기로 인해 일자리를 잃은 사람이 늘어났고 경제적 불평등도 심해졌어요.

요. 특히 외교 능력이 탁월했기 때문에 햇볕정책을 펼치면서 북한과도 사이 좋게 지내려고 했고 중국, 일본과도 매우 가까워질 수 있었습니다. 특히 햇볕정책이 크게 주목을 받으면서 한국인 최초로 노벨평화상을 받기도 했습니다. 이렇듯 민주주의가 발전하면서 대한민국은 훨씬 더 대단하게 성장하고 있습니다.

남북통일과 평화

통일을
꼭 해야 하나요?

: 문제가 없는 나라는 없어요 :

세상에 존재하는 모든 나라는 저마다 어려운 문제를 안고 있습니다. 미국 같은 경우는 인종 문제가 심각해요. 백인과 흑인의 갈등이 크거든요. 중국의 경우는 홍콩과 타이완 문제를 두고 갈등이 큽니다. 홍콩은 영국의 식민지였다가 중국에 반환되었기 때문에 중국과 문화가 많이 다르거든요. 타이완은 중국인들이 만든 나라이긴 하지만 독립국가이기 때문에 중국과 갈등을 겪고 있습니다. 아프리카 국가들은 내전과 가난 때문에 어려움을 겪고 있습니다. 최근에는 에이즈라든지 여러 전염병으로 고통을 받고 있어요. 중동 지역, 그러니까 이슬람 사회에서는 극단주의자들의 테러가 문제가 되고 특히 여성들이 너무나 큰 고통을 받고 있습니다. 인도나 동남아시아

> **극단주의자**
> 생각이나 행동이 한쪽으로 지나치게 치우치는 태도를 가진 사람을 말해요.

지역에서는 어린아이들이 노동 현장에 끌려 나와서 고생을 하거나 여성들이 남성들한테 괴롭힘을 당하는 것이 큰 문제예요. 우리나라에는 어떤 문제가 있을까요?

: 남과 북을 다시 잇기 위한 노력 :

6·25전쟁 이후부터 지금까지 한반도에는 두 개의 정부가 있습니다. 남한과 북한. 같은 민족이면서도 너무나 오랫동안 왕래가 없었기 때문에 서로에 대해 잘 모릅니다. 잘 모르면서도 서로를 적대하고 무서워하고 위험하다고 느끼죠. 한반도는 휴전선으로 나누어져 있습니다. 거대한 철조망이 이어져 있고 수십만 명의 군인들이 휴전선을 마주하며 대치하고 있어요. 계속 새로운 무기를 개발하고, 거대한 군사 훈련을 벌입니다. 북한은 핵무기라는 끔찍하고 위험한 무기를 자랑하고 이를 막기 위해 남한은 미국과 군사 훈련을 하기도 합니다. 세계에서 손에 꼽을 만큼 풍요롭고 자유로운 대한민국임에도 불구하고 북한 이야기만 나오면 골치가 아파요.

1972년 남한과 북한은 7·4남북공동성명을 발표합니다. 자주·평화·민족대단결이라는 원칙에 두 나라가 동의한 거예요. 싸우지 말고 서로 대화하면서 관계를 개선하고 그렇게 통일까지 나아가자는 최초의 합의였습니다. 그리고 1990년대 들어 본격적인 노력이 시작됩니다. 남한과 북한은 수차례에 걸쳐서 장관과 장군들이 모여 고위급회담을 벌였습니다. 정치·경제·사회·문화 모든 분야에서 남북이 교류하고 친해지면서 적대관계를 청산할 수 있는 포괄적인 대화를 나누었어요. 이때 한반도에 핵이 있어서는 안 된다는 의견을 모아 남한과 북한이 비핵화 선언을 합니다. 북한을 국제사회에 끌어들이기 위해 함께 UN에 가입하기도 해요.

그리고 1998년 현대그룹 정주영 회장이 거대한 이벤트를 열어요. 정주영 회장의 고향이 금강산 근처였거든요. 소 떼 500마리를 끌고 북한을 방문한 거예요. 남한의 재벌 대기업 회장과 북한의 지도자 김정일이 만나서 대화를 나누었습니다. 경제협력을 하자는 것이 핵심이었습니다. 남한은 우수한 기술력을 가진 회사들이 많고 비록 북한이 어렵긴 하지만 우수한 노동력과 자원이 많잖아요? 그러니까 둘이 협력한다면 북한의 어려운 경제도 좋아지고, 남한은 좋은 제품을 생산해서 좋고 무엇보다 꾸준히 교류하는 가운데 서로 친해질 수 있으니까요.

이때부터 금강산 관광을 시작합니다. 금강산이 우리나라를 대표하는 명산이잖아요? 설악산이 유명한 이유도 금강산과 닮았기 때문이에요. 조선 시대 때는 수많은 사람이 금강산을 여행했습니다. 정선, 김홍도 같이 유명한 화가들이 금강산을 돌아보고 수많은 그림을 남겼습니다. 김만덕이라는 여성은 상업으로 돈을 많이 벌었는데 제주도에서 기근이 발생하자 재산을 내놓아서 굶어 죽는 수많은 사람을 살렸어요. 정조가 김만덕을 칭찬하면서 원하는 것을 묻자 김만덕은 금강산을 여행하고 싶다고 말했습니다. 그만큼 금강산의 인기가 대단했어요. 금강산 관광이 시작되면서 우리 국민이 북한 땅을 처음 밟아 보게 되었고 금강산도 처음 구경하게 되었답니다.

김대중 정부는 보다 적극적으로 남북관계를 개선하기 위한 정책을 펼칩니다. 경의선 철도를 연결하고 개성공단을 만들고자 했어요. 일제강점기 때는 우리나라 사람들이 기차를 타고 프랑스나 스페인까지 여행할 수 있었습니다. 우리나라는 반도국가이기 때문에 대륙과 연결이 되잖아요? 서울과 의주를 잇는 경의선을 타고 중국 대륙 열차나 시베리아 횡단열차를 타면 세계 어디로든지 갈 수 있었거든요. 김대중 정부 때 경의선 복원 사업을 해서 남한과 북한을 잇는 철도가 만들어졌습니다. 안타깝게도 현재 운행이 되지는 못해요. 하지만 관계가 좋아지면 북한의 수도인 평양은 물론이고 중국의 베이징을 부산이나 광주 가듯이 다닐 수 있게 될 거예요.

개성공단은 북한 개성에 공장 단지를 만드는 작업입니다. 남한의 기업들이 돈을 들여서 개성에 공장을 짓는 거예요. 북한의 노동력이 싸면서도 같은 한민족이기 때문에 손재주가 좋거든요. 값싸고 질 좋은 제품을 생산할 수 있기 때문에 남한과 북한 모두에게 좋은 아이디어였어요. 개성은 고려의 수도잖아요? 서울과도 가깝고 평양과도 가까워요. 개성은 예성강과 임진강으로 둘러싸여 있고 서해로 나가기도 좋은 지역입니다. 남북이 교류하는 데 최적의 지역이라고 할 수 있어요. 개성공단이 발전하면 경기도와 황해도가 함께 발전할 수 있고 이렇게 되면 중국과의 교류에도 도움이 될 수 있어요. 고려 시대 때는 이곳을 통해서 수많은 사람이 중국에 진출했고 중국과 일본은 물론이고 아라비아 상인들까지 찾아왔습니다.

안타깝게도 북한이 핵 개발에 집착하면서 남북이 교류하기 위한 노력은 멈추고 말았습니다. 미국도 북한에 대해 과거보다 적대적이 되었고 남한 내에서도 북한에 대한 부정적인 여론이 많기 때문에 이러한 평화 전략이 꾸준히 실천되지 못하고 있어요. 북한 내부에서도 풀어야 할 문제는 많아요. 세계의 변화를 거부한 채 지나치게 고립된 사회를 유지하고 있으니까요.

남북관계는 쉽지 않으면서도 반드시 풀어야 할 숙제입니다. 우선 군사적 대립이 너무 심각하잖아요? 서로를 적대적으로 대하다가 정말 전쟁이 날 수도 있고 핵무기가 있기 때문에 자칫 돌이킬 수 없는 일이 일어날 수도 있습니다. 무엇보다 한민족이 하나가 되고 그래서 모두가 평화롭게 지내는 것이 중요하니까요. 남북관계가 좋아지면 보다 활발하게 대륙으로 진출할 수도 있고 인구도 늘어나니까 통일을 향해 나아가는 것이 모든 면에서 좋은 것 같아요. 하나하나 지혜롭게 인내심을 갖고 문제를 풀어갈 필요가 있습니다.

: 경제강국, 문화강국 대한민국의 미래 :

대한민국은 여전히 빠르게 변화하고 있습니다. 또한 대한민국을 둘러싼 세계 역시 확확 바뀌고 있습니다. 1990년대 이후 민주주의가 발전하면서 문화적인 면에서의 발전이 정말 컸어요. 다양한 재능을 가진 음악가들이 등장해서 다양한 장르의 음악을 발전시켰습니다. 그중 대표적인 그룹으로는 '서태지와 아이들'이 있습니다. 대중음악의 발전은 아이돌 그룹이라는 한국만의 독특한 장르를 만들었고 현재는 한류의 선두주자가 되었죠.

영화도 마찬가지입니다. 〈쉬리〉라는 작품이 개봉하면서 본격적으로 한국 영화의 수준이 높아지기 시작했어요. 그 결과 지금은 정말로 뛰어난 작품들이 다양하게 만들어지고 있고 세계적으로 인정을 받는 작품들이 등장하고 있습니다. 또한 웹툰, 웹소설, 유튜브 등 새로운 매체와 장르가 등장하고 그곳에서 엄청난 성공을 거두는 사람들이 생겨나기도 하죠.

하지만 문제도 많습니다. 고령화와 저출산 문제는 갈수록 심각해지고 있어요. 대학교 입시제도가 여전히 문제가 많기 때문에 우리들은 어린 나이부터 학원을 전전해야 합니다. 적성과 창의성을 강조하지만 그것을 어떻게 키워나가야 할지에 대해 여전히 막연해요. 그 밖에도 집값, 월급, 취업 등 국민이 편안하게 살아가기 위해 해결해야 할 문제들도 많고요.

세계를 돌아봐도 마찬가지입니다. 이슬람 극단주의 세력의 테러가 여전히 이어지고 있어요. 무고한 시민을 대상으로 총을 쏘거나 폭탄 테러를 가하기 때문에 너무나 무서워요. 최근에는 미국과 중국의 경쟁이 심상치 않습니다. 1980년대 이후 중국이 경제적으로 빠르게 성장을 하면서 최근에는 미국과 비슷한 수준이 되어 버렸거든요. 미국은 중국을 견제하기 위해서 일본, 우리나라 등 여러 동맹국을 끌어들여서 중국을 견제하려고 합니다. 우리나라는 여러 면에서 중국과 가깝기 때문에 무작정 미국 편을 들 수도 없어요. 러시아가 우크라이나와 전쟁을 벌이기도 하고 중동과 아프리카에서는 내전이 일어나면서 수많은 난민이 발생하고 있습니다. 그리고 기후위기, 동식물멸종 등 다양한 환경문제가 우리를 위협하고 있기도 합니다. 그렇다고 너무 두려워할 필요는 없어요. 지난 역사가 그렇듯이 우리가 어떻게 노력하느냐에 따라서 더 나아질 수 있는 것은 분명하니까요.

    역사를 왜 공부할까요? 학교에서 배우니까? 교과서에 나오니까? 시험 점수를 잘 받아야 하니까? 물론 이런 이유도 중요합니다. 하지만 우리가 역사를 배우는 이유는 좀 더 멀리에 있는 것 같아요. 오래된 우리의 역사 그리고 우리를 둘러싼 세계사를 살펴보다 보면 지혜가 생기거든요. 그렇게 생긴 지혜를 바탕으로 보다 원대한 꿈을 꾸고 훌륭한 마음을 갖고 내 삶을, 우리나라를, 우리가 살아가는 세계를 보다 나은 곳으로 만드는 것. 그런 멋진 삶을 사는 데 있어서 역사 공부는 정말로 큰 힘이 된답니다.

    자, 우리의 한국사 여행은 일단 이렇게 마칩니다. 이제 세계사 여행을 통해 더 넓고 멋진 이야기를 만나 봐요! 떠날 준비가 되었나요? 그럼 가 봅시다!

| 사진과 그림 출처 |

16쪽	고종 황제와 대한제국	국립중앙박물관
22쪽	양산 척화비	문화재청
28쪽	강화도 구호조약 무력시위	국립중앙박물관
	연무당 모습	국립중앙박물관
41쪽	별기군	국사편찬위원회
50쪽	전봉준 장군	동학농민혁명기념재단
58쪽	독립신문	국립중앙박물관
59쪽	독립문	국립중앙박물관
82쪽	안창호 선생	독립기념관
92쪽	헤이그 특사	국사편찬위원회
95쪽	안중근 의사	독립기념관
101쪽	동양척식주식회사	국립중앙박물관
104쪽	유관순 열사	국사편찬위원회
126쪽	김구선생과 윤봉길	Dongan01
194쪽	박정희 전 대통령	국가기록원
195쪽	신문에 실린 박정희 대통령	국립중앙박물관
234쪽	장준하 선생	장준하기념사업회
237쪽	이한열 열사 추모 군중	서울역사아카이브
240쪽	김영삼과 김대중 대통령	한국일보

본문에 수록된 이미지는 모두 저작권 확인을 거쳐 출처 표시를 완료했습니다. 혹여 저작권 확인이 누락된 작품 또는 이미지가 있을 시, 저작권자가 확인되는 대로 통상의 사용료를 지불하도록 하겠습니다.

꿈꾸는 한국사 3 |근현대|
국민이 행복한 나라는 어떤 모습인가요?

ⓒ 심용환

초판 1쇄 인쇄 2023년 1월 25일
초판 1쇄 발행 2023년 2월 3일

지은이 심용환
펴낸이 박지혜

기획·편집 박지혜 **마케팅** 윤해승, 장동철, 윤두열, 양준철 **경영지원** 황지욱
디자인 thiscover **일러스트레이션** 신나라 nardrawing@gmail.com
제작 삼조인쇄

펴낸곳 ㈜멀리깊이
출판등록 2020년 6월 1일 제406-2020-000057호
주소 03997 서울특별시 마포구 월드컵로20길 41-7, 1층
전자우편 murly@humancube.kr
편집 070-4234-3241 **마케팅** 02-2039-9463 **팩스** 02-2039-9460
인스타그램 @murly_books
페이스북 @murlybooks

ISBN 979-11-91439-28-1 74910
ISBN 979-11-91439-14-4 74910(세트)

· 이 책의 판권은 지은이와 ㈜멀리깊이에 있습니다.
  이 책 내용의 전부 또는 일부를 재사용하려면 반드시 양측의 서면 동의를 받아야 합니다.
· 잘못된 책은 구입하신 서점에서 교환해드립니다.
· ㈜멀리깊이는 ㈜휴먼큐브의 계열사입니다.

본문에 수록된 이미지는 모두 저작권 확인을 거쳐 출처 표시를 완료했습니다.
혹여 저작권 확인이 누락된 작품 또는 이미지가 있을 시, 저작권자가 확인되는 대로 통상의 사용료를 지불하도록 하겠습니다.